合以求良

浙江省博物馆 泉青瓷 技艺复原项目暨 『经典继艺』 古今对比系列展图录

浙江省博物馆 编

刘 杰 杜 昊 著

文物出版社

龙泉青瓷是中国古代瓷业发展史上的著名品类，于北宋时期开始形成自身风格，南宋、元至明代早期是其生产的全盛时期。作为当时中国对外输出的主要商品之一，出现在陆上和海上丝绸之路沿线的大部分国家和地区。

龙泉大窑遗址

传承继艺　变古为新

——浙江省博物馆与龙泉青瓷的不解之缘

　　"一部中国陶瓷史，半部在浙江。"在漫长的历史长河中，土与火交融升华，伴随着祖先从远古的蒙昧走进文明。而浙江龙泉生产的龙泉青瓷更是以其历史悠久、流布范围广阔、生产地域众多以及对世界制瓷史影响深远而独领全球风骚数百年。浙江省博物馆珍藏着不少龙泉青瓷，其中最负盛名的是 60 多年前一位农家姑娘采药时挖出的一件宋元时期的龙泉窑舟形砚滴。1966 年，文物出版社出版了浙江省轻工业厅、浙江省文物管理委员会和故宫博物院合编的《龙泉青瓷》一书，这本新中国首部关于龙泉青瓷的专业图录共收录 85 件古代龙泉青瓷和 35 件现代作品，封面上就是这件砚滴。2009 年，浙江省博物馆建馆 80 周年，它入选"十大镇馆之宝"。

　　2019 年，浙江省博物馆联合故宫博物院、丽水市人民政府共同主办了"天下龙泉——龙泉青瓷与全球化"大展，在浙江省博物馆展出了 500 余件各个历史时期的龙泉青瓷，展品来自浙江等 18 个省市的 32 家文博机构，以及境外 6 个国家和地区的 11 家博物馆和考古所，其中有 35 件是越南、泰国、缅甸、日本、伊朗、叙利亚、埃及、英国等不同时期模仿龙泉青瓷的作品。这是目前关于龙泉青瓷研究的展览中展品数量最多、涉及产地最广的一个，并且包含多元文化，社会反响强烈。

　　2020 年 12 月，在"天下龙泉"大展的余温之下，浙江省博物馆与龙泉市人民政府签署战略合作协议，同时成立了浙江省博物馆龙泉青瓷国际研究中心，是以龙泉青瓷为研究对象，以青瓷文化为主要研究方向，开展全方位、多角度、高层次的学术研究和广泛的学术交流，促进研究成果转化和普及的重要平台。我与刘杰先生就是在此机遇下相识的。在龙泉市文化和广电旅游体育局工作人员的引荐下，他带来了一件经历数百次烧制试验后方获成功的青瓷复原作品——复制"蚂蟥绊"青瓷碗，在没有接触实物，仅凭隔着展柜玻璃观摩的情况下已做到九成相似。陶瓷专家沈琼华研究员发现了他身上的闪光点，特别是其对传统龙泉器物研究的独到见地、对器形和釉色的把握，可以说是当代制瓷手艺人中的佼佼者。

　　2021 年和 2022 年，龙泉青瓷国际研究中心精心打造以"经典继艺"为中心的系列展览，以古今对比为切入点，将古代龙泉青瓷精品和现当代优秀之作一同呈现，以工匠精神表达人类非遗的不朽与传承。2021 年度展览题为"碧玉流光——龙泉青瓷制釉技艺古今对比展"，"碧玉"比拟龙泉釉之精华，"流光"谓青瓷经典流传后世；2022 年度的展览题为"形而上下——宋韵视野下的龙泉青瓷"，旨在通过古物新器对话展呈，让凝结宋韵精粹的青瓷"活"起来，让千年宋韵"流动"起来，助力夯实社会文化自信，讲好文化浙江故事。我馆邀请刘杰先生为这两次展览专门烧制了一批以宋元明时期经典龙泉青瓷造型和釉色为蓝本的复制作品。经过数次开窑，精益求精，达到了我们对作品预期的要求。

　　这位年少成名的手艺人，十几年来始终致力于复制传统龙泉青瓷和龙窑柴烧的技艺，数面之缘便可深刻感受到他的谦逊和踏实以及对青瓷的热爱和执着。在龙泉制瓷业中还有很多像他这样的年轻人，他们以古为师，孜孜以求，又不拘于经典和过往，努力出新，形成了一股蓬勃的新生力量。浙江省博物馆将继续寻找和扶持他们，点燃不灭的窑火，守护青瓷的脉络。

浙江省博物馆馆长　陈水华

2024 年春

目 录

东方之色

青，东方色也。
——汉·许慎《说文解字》
青，生也，象物生时色也。
——汉·刘熙《释名·释采帛》

五行学说中所谓东方属木，而草木皆青，四象之中东方之神为青龙，足可证"青"为东方代表之色。"青"字最早见于西周金文，本义是蓝色、蓝色矿石或草木的颜色，涵盖了现代光谱里的绿、青、蓝、黑等诸多颜色。古人的偏爱让其成为陶瓷文明的主色调。

北宋时期的龙泉青瓷仍保有越窑的特色，釉层的透明度和气泡结构都极为接近。北宋中期龙泉窑产品釉中的氧化钙含量高达 16%，属于石灰釉，在高温作用下黏度低，容易流动，因此釉层变薄，透明度高，光泽度增强。

两宋之际的龙泉窑工匠已较好掌握釉的还原气氛，产品胎釉特征较前期有很大改变，虽然仍是浙江传统的石灰釉配方，但釉色中黄色基调减少，青灰和青绿色调增加，反映了工艺技术的提高。

秘色相承

五代十国的分裂随着宋王朝一统江山而结束，制瓷技艺互通南北、突飞猛进，龙泉青瓷则以厚胎薄釉刻花的传统特色为主流。北宋早期胎白细腻、釉色淡青；中期胎色发灰，施釉较薄且多泛灰或闪黄，呈现青灰色调，是为顺应商品经济，根据市场需求进行吸纳和创新的过渡阶段。两宋之际，龙泉窑体系初成，产品釉色趋于稳定，呈现一种纯净的湖绿色。

处州龙泉县……又出青瓷器，谓之秘色。钱氏所贡，盖取于此。宣和中，禁庭制样需索，龙泉青瓷益加工巧。

——宋·庄绰《鸡肋编》

素霓如缥

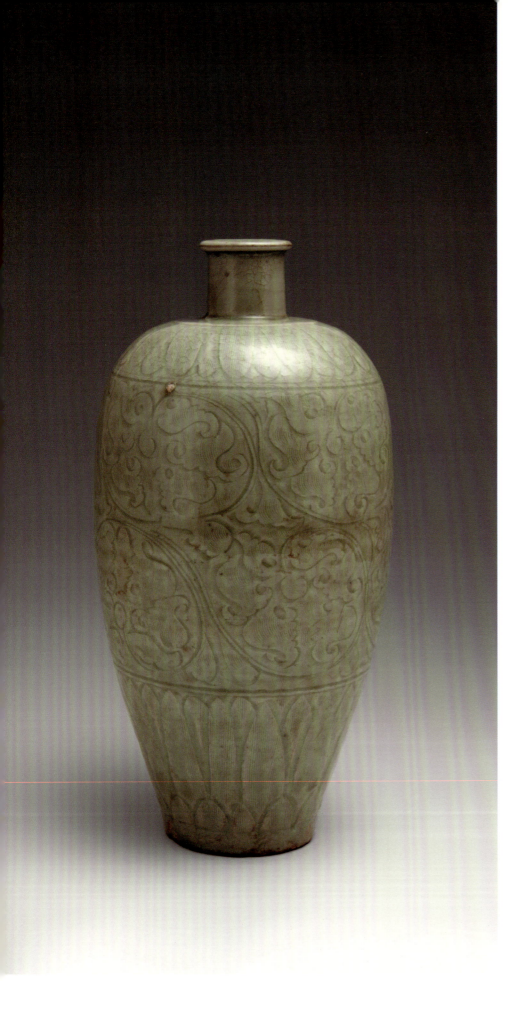

北宋　龙泉青瓷刻花梅瓶

口径 5.5 厘米　足径 9.4 厘米　高 35 厘米
松阳县博物馆藏

1977 年浙江省丽水市松阳县古市镇出土

小口，丰肩，肩以下长弧腹渐收，圈足。器形规整。肩部刻覆莲纹，腹部刻缠枝牡丹纹，以下刻仰莲纹。胎灰白。釉色青绿，晶莹光洁。

现代　龙泉青瓷刻花梅瓶

作者：刘杰

口径 4.5 厘米　足径 9.5 厘米　高 35 厘米

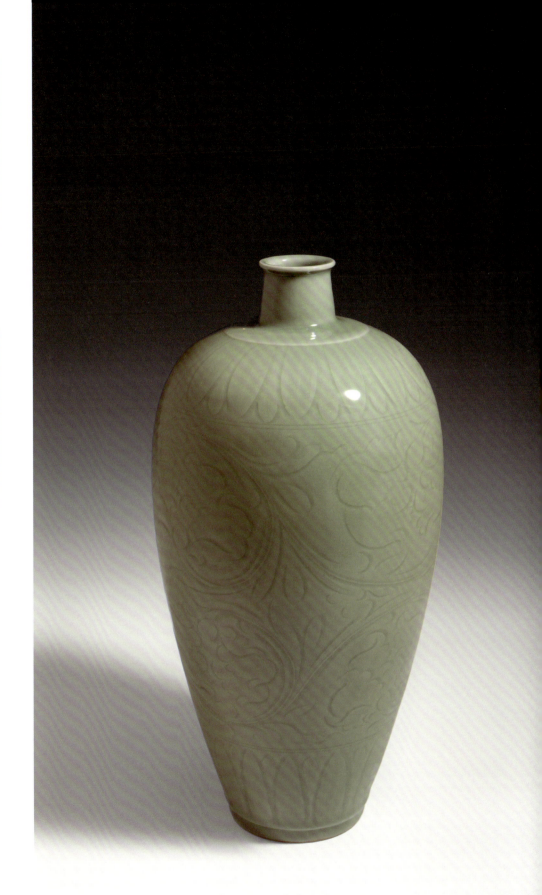

现代　龙泉青瓷弦纹梅瓶

作者：刘杰

口径 4.2 厘米　足径 8.5 厘米　高 32 厘米

梅瓶　梅瓶为盛酒用具，自宋代开始流行，被称为"经瓶"。"梅瓶"的称谓则是后人的约定俗成，因口径小适宜插梅枝而得名。元代梅瓶除圆形外，尚有八方形。明清时梅瓶器形从瘦长秀丽演变为肥矮丰硕，并由日用瓷渐变为陈设瓷。

明　龙泉青瓷凤穿牡丹纹梅瓶
浙江省博物馆藏

南宋　龙泉青瓷带盖梅瓶
浙江省丽水市庆元县松源镇会溪村
南宋开禧元年胡纮妻吴氏墓出土

北宋　龙泉青瓷执壶

口径 7.7 厘米　足径 7 厘米　高 20 厘米
浙江省博物馆藏

现代　龙泉青瓷执壶

作者：刘杰
口径 7 厘米　足径 8 厘米　高 22.7 厘米

现代　龙泉青瓷执壶

作者：刘杰

口径 8.3 厘米　足径 8.6 厘米　高 28.5 厘米

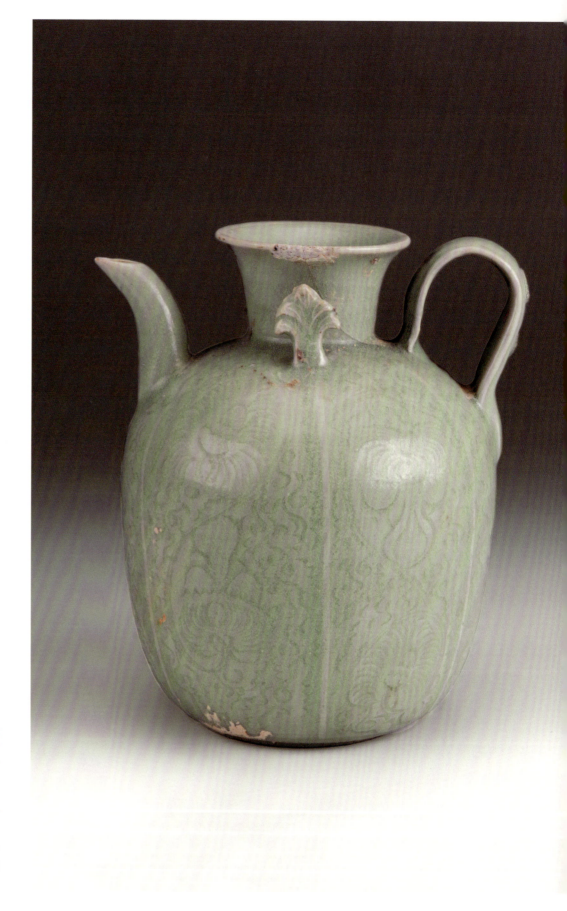

北宋 龙泉青瓷菊花纹执壶

口径 7.2 厘米 底径 11.4 厘米 高 18 厘米
松阳县博物馆藏

尖唇外撇，敞口，喇叭形短颈，圆肩，筒腹，
凹底。肩部置曲流、曲柄与对称的花叶形双系。
外腹以六道粗瓜棱纹隔开，分别以卷草纹为地
饰缠枝菊花纹。

现代　龙泉青瓷执壶

作者：刘杰

口径 6.5 厘米　底径 6 厘米　高 12.5 厘米

执壶　执壶，又称水注或注子，多用作酒具或茶具，在古代宴饮图和壁画场景中常见。通过执壶的形制和材质的变化，可以一览历朝历代的风格变迁。

唐　越窑青瓷注子
浙江省宁波市和义路码头遗址出土

五代　越窑青瓷八棱形注子
印度尼西亚井里汶沉船出水

北宋　龙泉青瓷菊花纹执壶
松阳县博物馆藏

北宋　耀州窑青瓷执壶
耀州窑博物馆藏

元　龙泉青瓷葫芦形执壶
浙江省杭州市朝晖路元代窖藏出土

明　龙泉青瓷执壶
浙江省博物馆藏

盛酒行觞

宋朝的酒文化空前兴盛，无论是酿造技术、宴饮方式还是存储器具都得到了创新发展。都城中教坊酒楼鳞次栉比，勾栏瓦舍对酒当歌，东京城内"正店七十二户，此外不能遍数，其余皆谓之脚店"。南宋出现"四司六局"专门负责承办酒席，临安城"人物浩繁，饮之者众"。

一曲新词酒一杯，去年天气旧亭台，夕阳西下几时回？
——宋·晏殊

拟把疏狂图一醉，对酒当歌，强乐还无味。
——宋·柳永

且陶陶、乐尽天真。对一张琴，一壶酒，一溪云。几时归去，作个闲人。
——宋·苏轼

陕西省蓝田吕氏家族墓出土酒具

美器配美酒，宋人宴饮器具的和谐搭配达到了艺术与实用的统一，宋代士族墓中大量出土的以盛酒器具为代表的实用瓷器和金属器可做印证。

北宋 龙泉青瓷菊花龟鹤纹粉盒

口径 12.3 厘米 底径 4.5 厘米 高 4 厘米
松阳县博物馆藏

子母口，浅腹，平底。盖作母口，面刻缠枝菊花纹与篦点纹，盖内上下分别刻龟、鹤各一；盒为子口，内有三个小碟。胎灰白，坚硬。施青色釉，口沿与底部无釉。

现代　龙泉青瓷粉盒

作者: 刘杰

口径 12.5 厘米　底径 9 厘米　高 4.5 厘米

现代　龙泉青瓷粉盒

作者: 刘杰

口径 12.5 厘米　底径 9 厘米　高 4.5 厘米

北宋　龙泉青瓷夹层碗

口径 14.4 厘米　底径 9 厘米　高 6.7 厘米
浙江省博物馆藏

夹层碗，上层为浅腹，下层腹弧收，平底
内凹，外底中心有一圆孔。

现代　龙泉青瓷夹层杯

作者: 刘杰
口径 8.5 厘米　底径 3.8 厘米　高 4.2 厘米

现代　龙泉青瓷夹层碗

作者: 刘杰
口径 14.8 厘米　底径 8.6 厘米　高 4.5 厘米

北宋　龙泉青瓷刻花碗

口径 15.3 厘米　足径 5.5 厘米　高 6.5 厘米
浙江省博物馆藏

现代　龙泉青瓷刻花碗

作者：刘杰

口径 19.5 厘米　足径 6.7 厘米　高 7.6 厘米

北宋　龙泉青瓷刻莲纹碟

浙江省博物馆藏

现代　龙泉青瓷刻花碟

作者：刘杰

口径 16.3 厘米　足径 6.5 厘米　高 2.6 厘米

现代 龙泉青瓷刻花杯

作者：刘杰

口径 7.9 厘米　足径 3.2 厘米　高 4 厘米

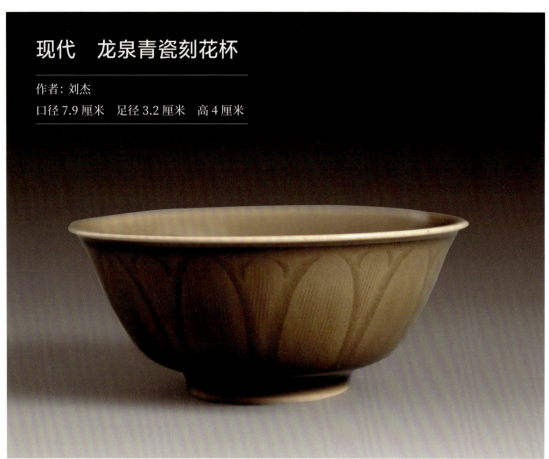

现代 龙泉青瓷刻花杯

作者：刘杰

口径 7.9 厘米　足径 3.2 厘米　高 4 厘米

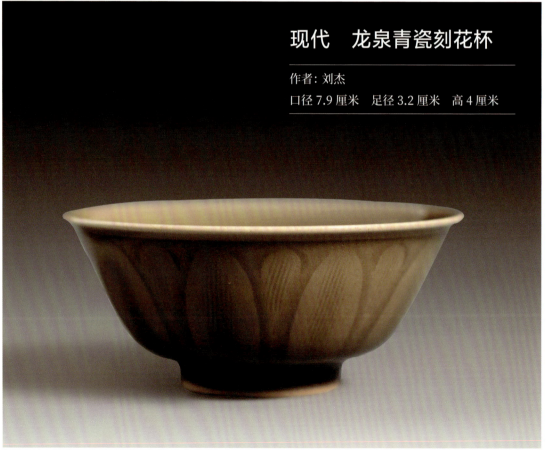

现代　龙泉青瓷刻花杯

作者: 刘杰

口径 7.8 厘米　足径 3.1 厘米　高 4 厘米

现代　龙泉青瓷刻花杯

作者: 刘杰

口径 7.8 厘米　足径 3.1 厘米　高 4 厘米

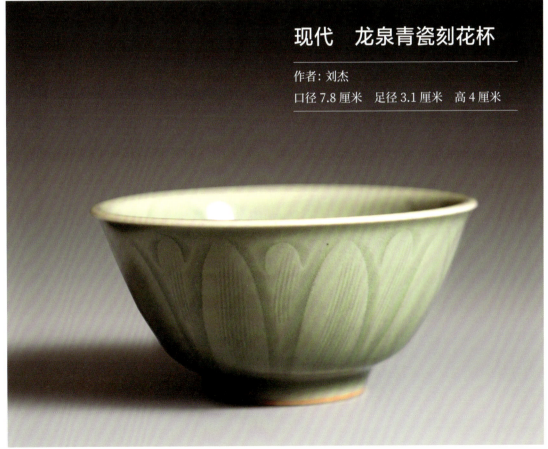

现代 龙泉青瓷刻花杯

作者：刘杰

口径 10 厘米　足径 2.8 厘米　高 4.5 厘米

现代　龙泉青瓷刻花杯

作者: 刘杰

口径 9.1 厘米　足径 3.9 厘米　高 4.1 厘米

现代　龙泉青瓷鼎式炉

作者：刘杰

口径 13 厘米　高 12.8 厘米

现代　龙泉青瓷鼎式炉

作者：刘杰

口径 6 厘米　高 7 厘米

现代　龙泉青瓷温碗

作者: 刘杰

口径 15.5 厘米　足径 8.5 厘米　高 12 厘米

现代　龙泉青瓷方瓶

作者: 刘杰
口边长 6 厘米　足边长 6.1 厘米　高 25 厘米

变古为新

故扫地而祭，器用陶匏，席以藁秸，因天地自然之性。
——北宋庆历七年（1047）《郊庙奉祀礼文》

两宋复古，自太祖下诏采用《三礼图》拉开序幕。北宋中期开始正式使用陶瓷礼器。"礼乐达天下，使天下安习而行之"，理性的思考推动了文化的探索。徽宗撰《宣和博古图》，以为"功定治成，礼可以兴"。帝王及文人士大夫们高涨的复古热情反映了"回向三代"的普遍性政治文化理想。

对宋代的评价，从不同的角度会有不一样的答案，但共识便是绝对的人文风雅、商贸繁荣。虽有南、北宋之分，但文化特点总体上保持了一致。帝王公卿治世的理想、文人士族游于艺的情趣、市民生活雅俗间的平衡，共同构筑了精神与物质皆富足的宋韵画卷。

形上之道

南宋·赵伯驹 《江山秋色图》（局部） 故宫博物院藏

城市经济的快速发展给宋人带来了开放繁庶的生活。风雅处处是平常，由皇帝、文人士大夫引领的文艺风潮奠定了"雅"的基础。与此同时，市井"俗"文化的繁荣亦共同促进了手工业和工艺美术的进步。前代早已出现的"四般闲事"在宋代承载了更丰富的雅思和创造。雅致、简约又富有生活气息的龙泉青瓷为宫廷、士人、市民各阶层所钟爱，折射出宋元明时期社会生活习俗的变迁，为后世的生活方式和审美品位奠定了基调。

形下之器

"循古之意而勿泥于古"的造物观使创新与复古兼济并行，激发了宋人探究古代传统的兴趣，并以此为据制作适合当下的各式用器。宋代各大窑口都烧造了大量古典造型的炉、瓶，不仅用于祭祀之礼，更多的是作为文房陈设、清供雅玩。尚古时风之下，世俗日常生活也"郁郁乎文哉"。

商　瞿父鼎图考

西周　大克鼎
陕西省宝鸡市
扶风县任村出土

南宋　铜鼎式炉
浙江省杭州市
南星桥附近出土

南宋　官窑鼎式炉
浙江省杭州市
老虎洞南宋官窑遗址出土

南宋　龙泉青瓷兽耳衔环鼎式炉
四川省遂宁市
金鱼村窖藏出土

商　己举彝图考

西周　㝬簋
陕西省宝鸡市
扶风县齐村出土

宋　铜簋式炉
浙江省湖州市
安吉县章村出土

南宋　官窑簋式炉
杭州西湖博物馆总馆藏

南宋　龙泉青瓷龙耳簋式炉
四川省遂宁市
金鱼村窖藏出土

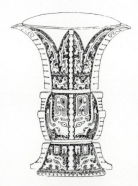

商　祖戊尊图考

西周　何尊
陕西省宝鸡市
陈仓区贾村镇出土

宋　兽面纹铜尊
浙江杭州市
环城西路出土

南宋　官窑青瓷尊
台北故宫博物院藏

南宋　龙泉青瓷出戟尊
浙江省博物馆藏

周　贯耳壶图考

西周　兽面纹贯耳壶
北京市昌平区
白浮村出土

南宋　铜贯耳壶
浙江省湖州市
安吉县章村出土

南宋　官窑青瓷贯耳瓶
浙江省博物馆藏

宋　龙泉青瓷贯耳弦纹瓶
故宫博物院藏

南宋　龙泉青瓷出戟尊

口径 20.8 厘米　足径 12.8 厘米　高 34.5 厘米
浙江省博物馆藏

口呈喇叭状，颈部收束，圆腹，圈足外撇。颈、腹、足壁堆饰扉棱（出戟）。胎灰白致密，胎体厚重。通体施青釉，釉层均匀滋润，圈足无釉呈朱红色。

出戟尊仿商周青铜觚形尊造型而来，宋代除龙泉窑外，钧窑、官窑亦均有烧造，一般为四面出戟。

现代　龙泉青瓷出戟尊

作者: 刘杰

口径 21 厘米　足径 12.8 厘米　高 34.2 厘米

琮式瓶　玉琮一般呈柱形，是重要的礼器，器身内圆外方，充分体现了天圆地方的宇宙观。南宋时出现仿玉琮瓷器，置于书斋内用以插花。明代时，受道教文化的影响，瓶身多以八卦纹样装饰，有时用来放置占卜用的蓍草和竹签，因而也被称为蓍草瓶或八卦瓶。明清两朝，宫廷和贵族依旧将琮式瓶作为文房清供中品级较高的花器。

南宋　铜琮式瓶
浙江省湖州市长兴县吕山公社出土
长兴博物馆藏

南宋　官窑琮式瓶
大英博物馆藏

玉琮 玉琮整体呈柱形，上大下小，象征天地。外壁有四角和四个直槽，表现四面八方，并雕琢太阳神式的祖先神像和图案，图案二方连续，神像和图案可以向上无限复制。琮中央的穿孔既是沟通天地的通道，也是动态旋转的宇宙中轴，天旋地转，天人合一。良渚玉琮外形和结构呈现出的"四面八方""天人合一"，以及动态旋转过程中的"扶摇直上"，既是良渚文明宇宙观的集大成者，也是中华文明最早的宇宙观代表，对中华文明产生了深远的影响。

新石器时代　良渚文化玉琮
浙江省博物馆藏

南宋　龙泉青瓷琮式瓶

口径 7.7 厘米　足径 7.8 厘米　高 26.8 厘米
遂宁市博物馆藏

1991 年四川省遂宁市金鱼村窖藏出土

瓶体方形直腹，口底径度相若。四壁模印四组相同的凸条纹，每组均由八节长短线条相间的条纹装饰。

现代 龙泉青瓷琮式瓶

作者：刘杰

口径 7.7 厘米　足径 7.8 厘米　高 26.8 厘米

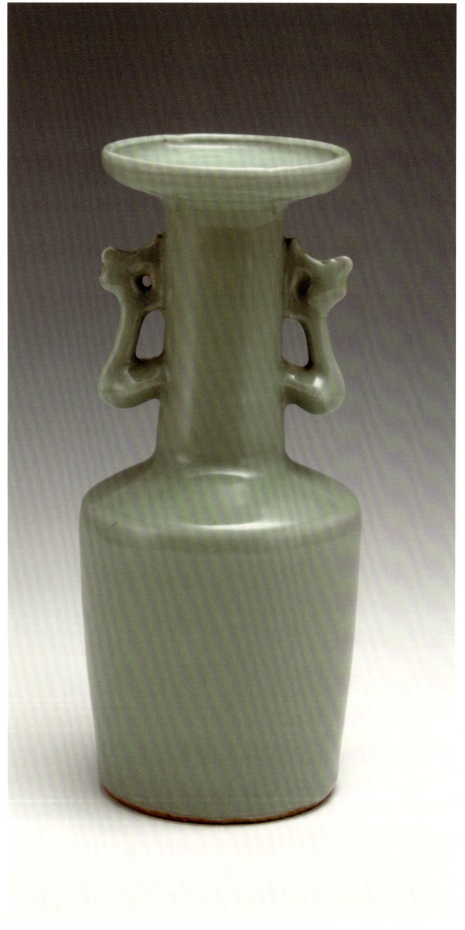

南宋 龙泉青瓷凤耳瓶

口径 9.8 厘米 足径 10.2 厘米 高 27 厘米
松阳县博物馆藏

1983 年浙江省丽水市松阳县西屏镇道班工地出土

浅盘口，筒形长颈，斜折肩，筒腹，暗圈足。筒形长颈两侧贴饰凤耳一对。胎白，细腻坚硬。通体施粉青釉，足尖无釉。该瓶造型规整优美，胎质细腻精良，粉青釉层凝厚如玉，是龙泉青瓷中的珍品。此类长颈瓶在汝窑及南宋官窑中多有发现，然以凤或鱼作两耳者仅见于龙泉窑。

现代　龙泉青瓷凤耳瓶

作者：刘杰

口径 10.6 厘米　足径 11 厘米　高 27.5 厘米

南宋　龙泉青瓷鱼耳瓶

口径 10 厘米　足径 10 厘米　高 27.4 厘米
浙江省博物馆藏

盘口，长颈，折肩，直筒腹，浅圈足。内
外施梅子青釉，釉质醇厚莹润。颈两侧各
贴饰半环耳，形象为龙首鱼身，亦称鱼龙
或摩羯。摩羯本为佛教中的一种神鱼，有
吉祥、辟邪之意。

现代 龙泉青瓷鱼耳瓶

作者: 刘杰

口径 10.6 厘米 足径 11 厘米 高 27.5 厘米

一切艺术的美，以至于人格的美，都趋向于玉的美：内部有光泽，但是含蓄的光彩，这种光彩是极绚烂又极平淡。

——宋白华《美学散步》

和光同尘

"润泽以温，仁之方也。"中国人向来把"玉"作为美的化身。《荀子·法行》有云："夫玉者，君子比德焉。"青瓷制造之所以在宋代达到顶峰，与当时的审美理念息息相关。被赋予各种美好意涵的玉是审美的追求，也是价值的取向。

大道至简，宋人的优雅体现在点滴之中，青瓷的古雅素净契合了宋代理性精神的含蓄温和、崇尚自然。以日常用器为大宗的龙泉青瓷关乎生活也关乎哲学，恰到好处的简约美感隽永内敛，釉色沉静，气韵独特。

南宋中晚期，龙泉青瓷制作技艺登峰造极，生产技术和审美品位和谐统一，其类玉的质感达到妙若天成的艺术境界，如玉的粉青釉和青绿莹润的梅子青釉令人叹为观止。

南宋 龙泉青瓷贯耳弦纹瓶

口径 10 厘米 足径 11.7 厘米 高 31.5 厘米
故宫博物院藏

撇口，长颈，溜肩，鼓腹，圈足。颈部凸起弦纹四道，两侧对称置双耳。腹部阴刻弦纹两道。里外满釉，釉色青翠，釉层凝厚，足边无釉。此瓶耳呈圆管状，俗称贯耳。器形仿照古代青铜壶，瓶体硕大，古朴端庄，为当时龙泉青瓷中的名品。

现代　龙泉青瓷贯耳瓶

作者：刘杰

口径 9.1 厘米　足径 10.3 厘米　高 27.6 厘米

南宋　龙泉青瓷贯耳瓶

口径 4.9 厘米　足径 10.5 厘米　高 32.1 厘米
遂宁市博物馆藏

1991 年四川省遂宁市金鱼村窖藏出土

圆唇略平，直口，直长颈。颈上端附两个管
状贯耳。陈设用瓷，流行于宋代，造型源自
汉代贵族燕乐所用的投壶。

现代　龙泉青瓷贯耳瓶

作者: 刘杰

口径 4.5 厘米　足径 8.2 厘米　高 25 厘米

花花世界

卖花担上，买得一枝春欲放。
——宋·李清照

满插瓶花罢出游，莫将攀折为花愁。
——宋·范成大

玉壶满插梅梢瘦。帘幕轻寒透。
——宋·邵伯雍

"胆样银瓶玉样梅，此枝折得未全开。为怜落莫空山里，唤入诗人几案来。"因陈设瓶花的需要或宋代高型家具的发展普及，瓷、铜、金、银等质地的花器在宋人诗文书画及当代考古资料中多有发现，种类齐全且器形丰富。

南宋·佚名《盥手观花图》（局部）
天津艺术博物馆藏

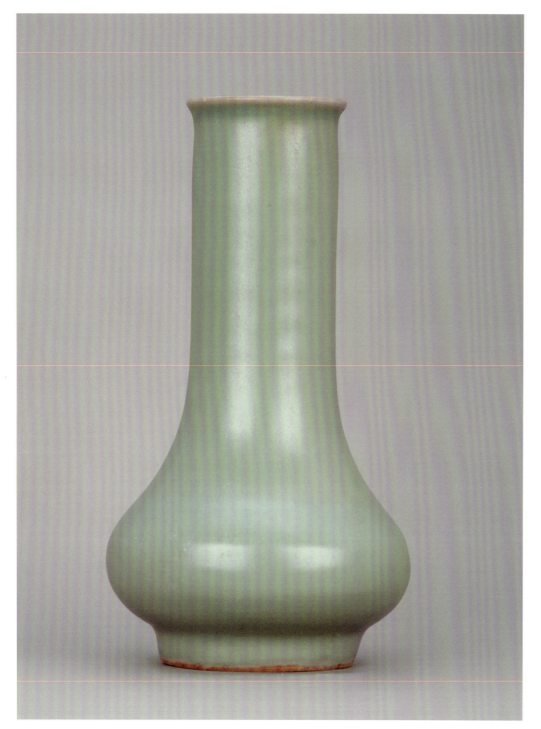

南宋　龙泉青瓷撇口长颈瓶

口径 4.6 厘米　足径 5.8 厘米　高 16 厘米
遂宁市博物馆藏

1991 年四川省遂宁市金鱼村窖藏出土

尖唇，口部外侈，长颈，扁鼓腹，圈足。胎体厚重。釉色粉青略带青黄，釉面光洁滋润。可作书房或案头陈设，也可作花瓶。

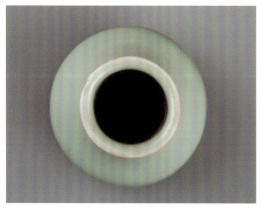

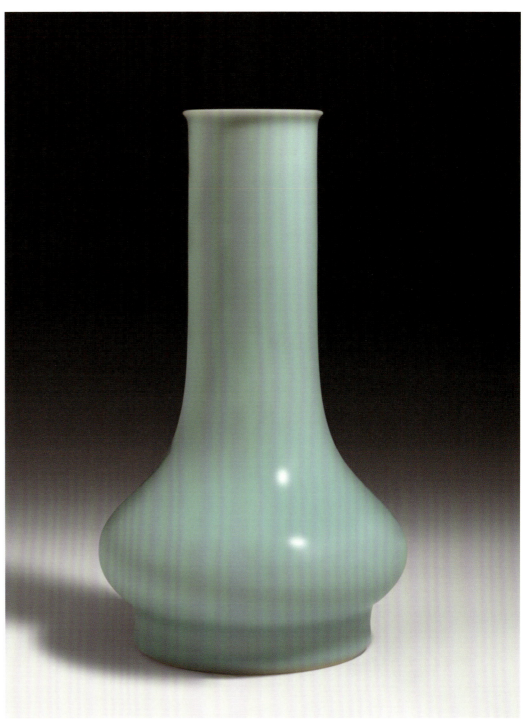

现代　龙泉青瓷长颈瓶

作者: 刘杰

口径 6.8 厘米　足径 11 厘米　高 25 厘米

现代　龙泉青瓷长颈瓶

作者: 刘杰

口径 3.8 厘米　足径 7 厘米　高 15 厘米

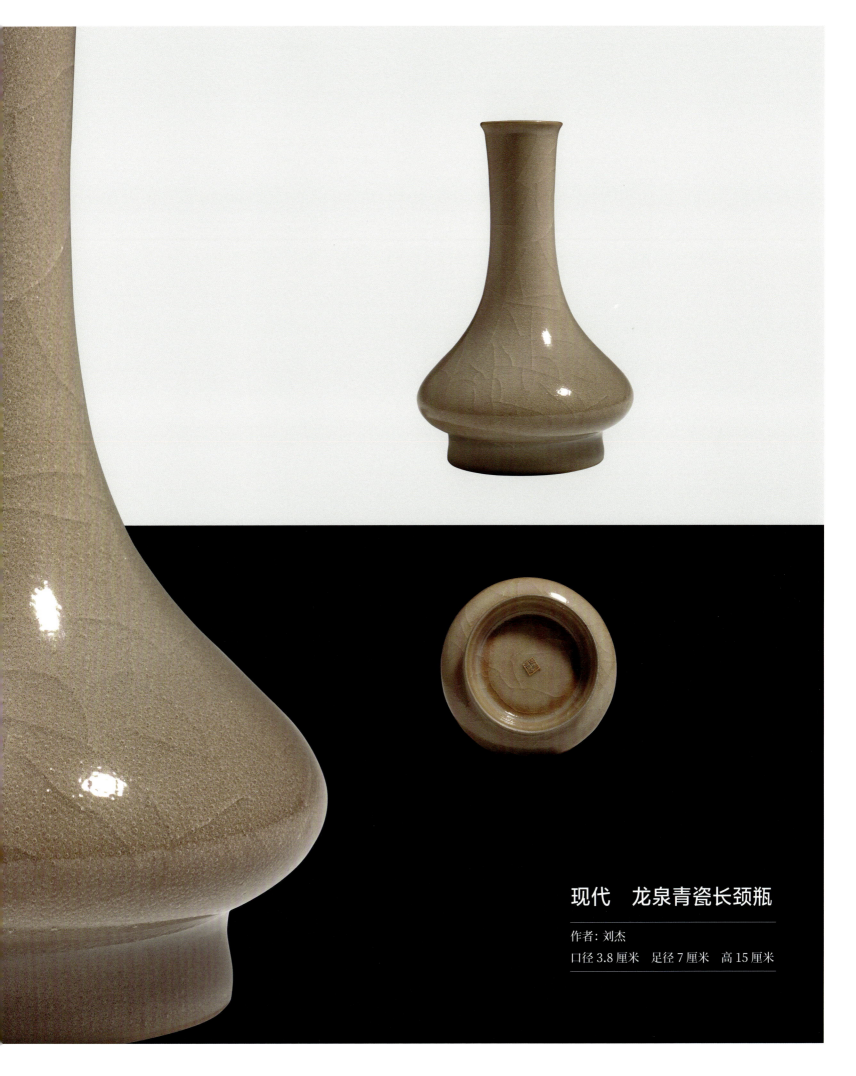

现代　龙泉青瓷长颈瓶

作者: 刘杰

口径 3.8 厘米　足径 7 厘米　高 15 厘米

南宋　龙泉青瓷扁鼓腹长颈瓶

口径 4.6 厘米　足径 6.7 厘米　高 16.9 厘米
遂宁市博物馆藏

1991 年四川省遂宁市金鱼村窖藏出土

圆唇，直口，长直颈，扁鼓腹，圈足。口沿下有一周带状凸起。足圈上有两个对称的长方形孔。足底心有一轻微的鸡心状凸起。该瓶造型清秀端庄，制作规整，体现了宋人简约平淡、清逸典雅的美学追求。

现代　龙泉青瓷长颈穿带瓶

作者: 刘杰

口径 6.5 厘米　足径 11 厘米　高 25 厘米

南宋 龙泉青瓷弦纹瓶

口径 9.2 厘米　足径 11.6 厘米　高 30.5 厘米
遂宁市博物馆藏

1991 年四川省遂宁市金鱼村窖藏出土

器形规整，釉面厚润。颈部至腹部用出筋技法装饰七道凸起弦纹。因有竹之意态，故又称竹节瓶。

现代 龙泉青瓷弦纹瓶

作者: 刘杰

口径 8.7 厘米　足径 10.5 厘米　高 26.5 厘米

现代　龙泉青瓷弦纹瓶

作者：刘杰

口径 6.8 厘米　足径 9.5 厘米　高 21 厘米

现代　龙泉青瓷弦纹瓶

作者：刘杰

口径 5.8 厘米　足径 7.3 厘米　高 17 厘米

南宋　龙泉青瓷菱口瓜棱瓶

高 16.5 厘米

遂宁市博物馆藏

1991 年四川省遂宁市金鱼村窖藏出土

撇口，长颈，长圆腹，花瓣式圈足外撇。通体
有瓜棱形竖纹。该瓶釉色温润明亮，造型生动
又不失沉静优雅，体现了文人情趣与民间趣味
的融合。此种造型的瓶又被称为海棠式瓶或白
菜瓶。

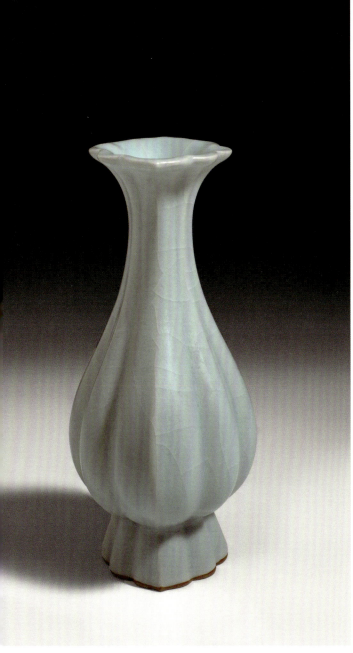

现代　龙泉青瓷菱口瓜棱瓶

作者：刘杰

高 18 厘米

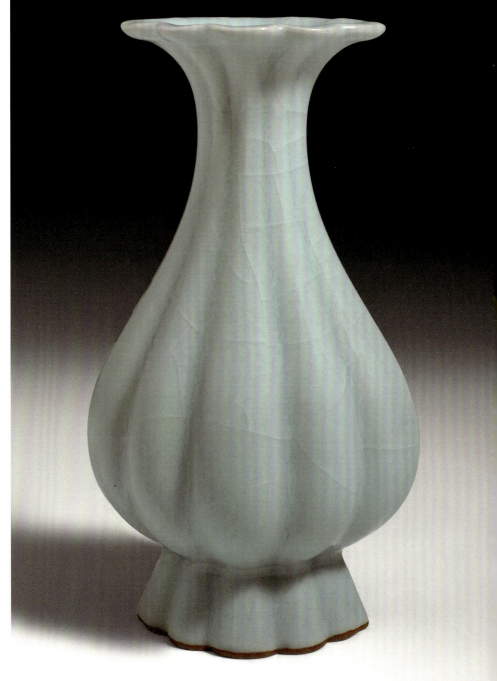

南宋　龙泉青瓷荷叶盖罐

口径 23.8 厘米　足径 16.8 厘米　通高 31.3 厘米
遂宁市博物馆藏

1991 年四川省遂宁市金鱼村窖藏出土

现代　龙泉青瓷荷叶盖罐

作者: 刘杰

口径 23.3 厘米　足径 16.8 厘米　通高 32.7 厘米

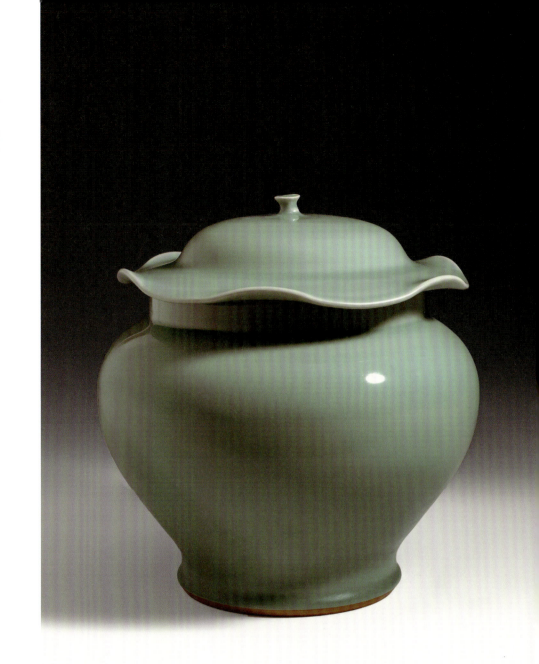

现代　龙泉青瓷荷叶盖罐

作者: 刘杰

南宋　龙泉青瓷渣斗

口径 11 厘米　足径 8 厘米　高 8.5 厘米
浙江省博物馆藏

1960 年浙江省龙泉县大窑岙门窑址采集

侈口，高颈，鼓腹，短足。渣斗造型或
可溯源至商周时期的青铜觚，口径与腹
径相等或稍大。当作为实用器时，功能
相当于唾盂。

现代　龙泉青瓷渣斗

作者: 刘杰

口径 14 厘米　足径 9.7 厘米　高 9.5 厘米

南宋　龙泉青瓷五管器

口径 4.5 厘米　足径 6.8 厘米　高 12.4 厘米
遂宁市博物馆藏

1991 年四川省遂宁市金鱼村窖藏出土

现代　龙泉青瓷五管器

作者：刘杰
口径 4.7 厘米　足径 7.8 厘米　高 12.7 厘米

五管器 五管器是宋代龙泉窑和南宋官窑中新出现的器形，与前代作为随葬明器的五管瓶没有直接联系。关于此器物的功能及定名，学术界尚未达成一致的意见，在明代绘画中可知或用作花插。

南宋 龙泉青瓷折沿洗

口径 20.8 厘米　足径 12.9 厘米　高 7.5 厘米
故宫博物院藏

折沿洗，亦称折沿盆，流行于汉晋时期，宋代南北窑场皆有烧造。据《故宫物品点查报告》，1925 年此器存于重华宫翠云馆。清乾隆《精陶韫古》图册绘有一器，名"宋龙泉窑素洗"，与此洗相同。

现代　龙泉青瓷折沿洗

作者：刘杰

口径 20 厘米　足径 12.6 厘米　高 7.3 厘米

高光泽度的梅子青釉是烧造时釉中的铁离子得到充分还原，烧成温度较高产生晶体回熔从而使釉呈现较高的玻化状态，加之釉层够厚才能形成的。论梅子青釉之美，必会提及藏于东京国立博物馆的著名残器——"蚂蟥襻"青瓷碗，其釉色莹莹如梅子初青，铜钉排布巧妙，身世经历颇具传奇。

梅子初青

南宋　龙泉青瓷"蚂蟥襻"碗

口径 15.4 厘米　足径 4.6 厘米　高 6.7 厘米
日本东京国立博物馆藏

因器身上形似蚂蟥的铜钉得名，有"天下第一残器"之称。之所以受到珍视，不仅是因器物本身的珍贵，更重要的是传承有绪的文化背景。

现代 龙泉青瓷复制 "蚂蟥袢"

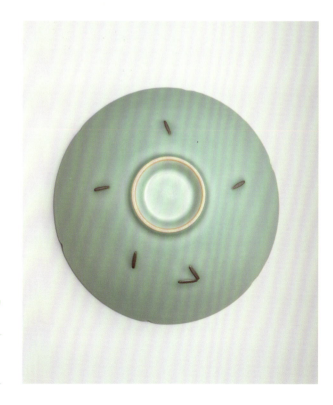

作者: 刘杰

口径 15.4 厘米　足径 4.6 厘米　高 6.7 厘米

"蚂蝗袢"的故事

"蚂蝗袢"在日本专指一件南宋龙泉窑青瓷葵口碗，是日本的重要文化财。根据江户儒学家伊藤东涯在《马蝗绊茶瓯记》中记载，日本镰仓时代安元年间（1175~1177），将军平重盛遣使者来宋，向杭州育王山捐赠了很多黄金，当时的佛照禅师将此茶碗作为回礼。时至室町时代，茶碗传到室町幕府第八代征夷将军足利义政（1436~1490）手中，此时茶碗的下腹已经有了一道冲线。足利义政甚觉可惜，于是委托前往中国的使者带着茶碗作为参照，希望能够再找到一只同样精美的茶碗。但明朝龙泉青瓷风格大变，已无法做成与南宋时相同的茶碗，无奈之下只好请焗瓷工匠在冲线两侧加了六枚焗钉加固，再度送返日本。后来足利义政将茶碗赐予侍臣吉田宗临。江户时代，这只茶碗传到当时的实业家角仓以了的手中，伊藤东涯在角仓家看到该茶碗，感慨其典雅精巧和流传有绪，写下了《马蝗绊茶瓯记》。江户时代后期，角仓家分为东西两家，此茶碗被分给东家，后来被三井财团收藏。1920年，高桥义雄在三井高保男的家中见到此茶碗，经过调查将其认定为"蚂蝗袢"。1970年，三井家将此茶碗捐赠给东京国立博物馆。

足利义政画像   《马蝗绊茶瓯记》

2019 年下半年，"蚂蟥袢"随"天下龙泉——龙泉青瓷与全球化"展览先后在故宫博物院和浙江省博物馆展出。借此契机，刘杰多次赴展览现场近距离观察，并向专家广泛请益，凭借十几年的仿古瓷烧制功底，历经 500 多次的反复试烧，终于成功复制出"蚂蟥袢"葵口碗。

当刘杰将复制成功的"蚂蟥袢"带到浙江省博物馆与真品对比时，沈琼华研究员等专家学者欣喜点评其"复制出了真品的神韵"。后日本爱知县丰田市弘誓禅院将这件作品永久珍藏。

反复打磨器形和釉色，用龙泉本地的紫金土制作"锔钉"，潜心复制出"蚂蟥袢"的神韵。

南宋 龙泉青瓷敛口净水钵

口径 13.3 厘米　足径 4.5 厘米　高 6.4 厘米
遂宁市博物馆藏

1991 年四川省遂宁市金鱼村窖藏出土

钵是钵多罗的略称，本是僧徒之食器，圆形，圆底，无足。宋代龙泉青瓷净水钵因敛口造型不适宜日常饮用，且多装饰莲瓣纹，一般被认为是佛前供器。

现代 龙泉青瓷净水钵

作者: 刘杰

口径 13.2 厘米　足径 4.6 厘米　高 6.7 厘米

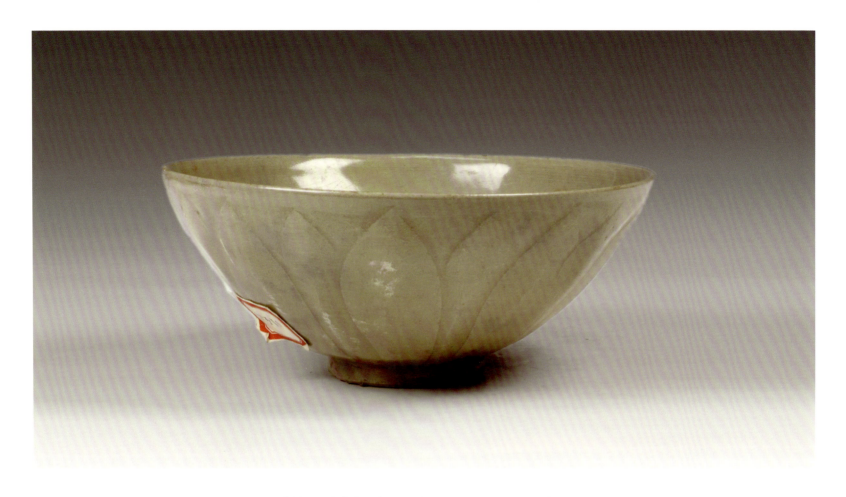

南宋　龙泉青瓷莲瓣碗

口径 16.8 厘米　足径 5.3 厘米　高 7 厘米
浙江省博物馆藏

莲瓣纹是宋瓷中最常见的纹饰之一，为南北各窑普遍采用，多装饰于器物的颈、肩、腹、足部，有圆头莲瓣、尖头莲瓣、单勾线莲瓣、双勾线莲瓣、仰莲瓣、覆莲瓣等。莲瓣纹出现于佛教兴盛的南北朝时期，在早期具有浓厚的宗教意味。北宋以前的莲瓣一般浑圆肥厚，南宋时则清瘦秀丽。

现代　龙泉青瓷莲瓣碗

作者: 刘杰

大: 口径 17.8 厘米　足径 5 厘米　高 7.5 厘米
小: 口径 9.5 厘米　足径 3.2 厘米　高 4.5 厘米

南宋　龙泉青瓷斗笠碗

口径 16.3 厘米　足径 4.5 厘米　高 5.7 厘米
遂宁市博物馆藏

1991 年四川省遂宁市金鱼村窖藏出土

饮茶用器。造型线条简洁挺拔，轮廓平坦顺
滑，近似直线，碗沿极薄，碗壁向外倾斜度
较大，圈足相对较小。该碗尺寸设计人性化，
是宋代陶瓷造型艺术的代表之作。

现代　龙泉青瓷斗笠碗

作者: 刘杰

口径 11 厘米　足径 2.6 厘米　高 4.6 厘米

宋代的风雅或世俗都与茶密不可分，是"柴米油盐酱醋茶"，也是"琴棋书画诗酒茶"。上至天家下至黎民，品饮游艺之风盛行，茶坊林立坊巷街市。徽宗《大观茶论》成为经典，文人士族点茶竞艺，"啜英咀华，较筐箧之精，争鉴裁之别"，民间"又有夜市物件，中瓦前车子卖香茶异汤"，寺院茶更有仪轨制度。在佛教东传过程中，茶文化也随之影响了周边诸国。

宋人对茶之用器讲究非常，点茶、斗茶的盛行亦促使宋代茶具的创新，在造型和色釉上明显区别于前朝。一场繁复的茶事，各式器具诸如风炉、汤瓶、茶碾、茶罗、茶磨、茶筅、茶盏等轮番登场。南宋审安老人的《茶具图赞》中运用白描画法记录了宋式茶具十二种，并以拟人化的方式赋予它们职衔，各取名、字、号，称为"十二先生"。

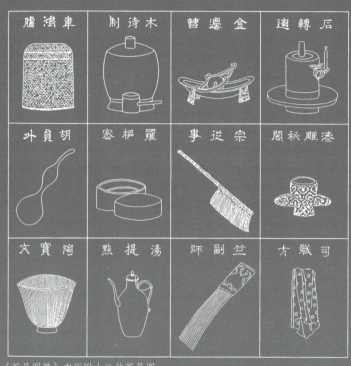

《茶具图赞》中所附十二种茶具图

南宋·审安老人《茶具图赞》

燕居焚香

每觉西斋景最幽，不知官是古诸侯。一尊风月身无事，千里耕桑岁有秋。云水醒心鸣好鸟，玉沙清耳漱寒流。沉烟细细临黄卷，疑在香炉最上头。
——宋·曾巩《凝香斋》

宝熏清夜起氤氲，寂寂中庭伴月痕。小研海沉非弄水，旋开山麝取当门。蜜房割处春方半，花露收时日未晞。安得故人同晤语，一灯相对看云屯？
——宋·陆游《烧香》

香事，"四般闲事"的第一桩。"香之为用从古亦，所以奉高明，所以达蠲洁。"中华香文化鼎盛于宋元，经海上丝绸之路运来的香料数量和种类均远多于前代，而且品质上乘。香既可用于崇道礼佛也能驱虫祛浊，香之器既是高堂之礼也为案头雅玩，品香赏炉之风遍及各阶层，与生活密不可分。

香文化的高度发达促使各式瓷制香具流行，造型或仿前代，或融合创新。有盖的封闭式为熏炉，无盖的开敞式为香炉。各式炉取三代鼎、簋、鬲等青铜礼器之形，把尺寸定在最为适合的范围，内敛端庄，小雅清妙。

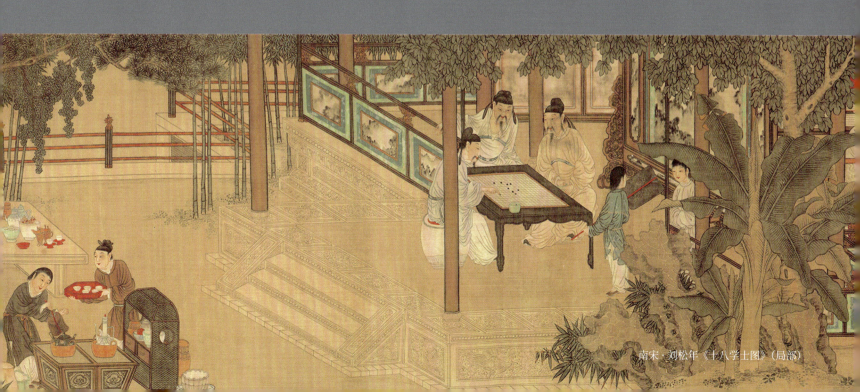

南宋·刘松年《十八学士图》(局部)

南宋　龙泉青瓷鬲式炉

口径 19.7 厘米　高 16.2 厘米

遂宁市博物馆藏

1991 年四川省遂宁市金鱼村窖藏出土

鬲式炉为宋代较为常见的仿古器形，以商周青铜鬲的式样为蓝本加以改造而成。鬲原是炊器，陶鬲出现于新石器时代，青铜鬲则流行于商周时期。

现代 龙泉青瓷鬲式炉

作者：刘杰
口径 13.9 厘米　高 11.5 厘米

南宋　龙泉青瓷奁式炉

口径 6 厘米　高 7 厘米

遂宁市博物馆藏

1991 年四川省遂宁市金鱼村窖藏出土

又称筒式炉，流行于南宋以后，龙泉窑、
汝窑、定窑均有烧造。其造型仿汉代桶
形樽，故也被称为樽式炉。

现代 龙泉青瓷奁式炉

作者: 刘杰

上: 口径 14.5 厘米　高 10.5 厘米

下: 口径 8 厘米　高 7.3 厘米

南宋　龙泉青瓷鼎式炉

口径 7.4 厘米　高 7.2 厘米

遂宁市博物馆藏

1991 年四川省遂宁市金鱼村窖藏出土

造型仿商周青铜鼎。鼎原是一种普通的
炊器和食器，后逐渐成为政治权力的象
征。宋代窑场纷纷创烧以三代青铜器为
蓝本的瓷器，以仿鼎造型最具代表性。

现代 龙泉青瓷鼎式炉

作者：刘杰

口径 7.5 厘米 高 6.9 厘米

南宋　龙泉青瓷龙耳簋式炉

口径 18.4 厘米　足径 15.5 厘米　高 14.3 厘米
遂宁市博物馆藏

1991 年四川省遂宁市金鱼村窖藏出土

造型仿商周青铜簋。敞口微撇，薄唇，束颈，下腹外鼓，圈足向内弧收。腹部附夔龙形双耳。

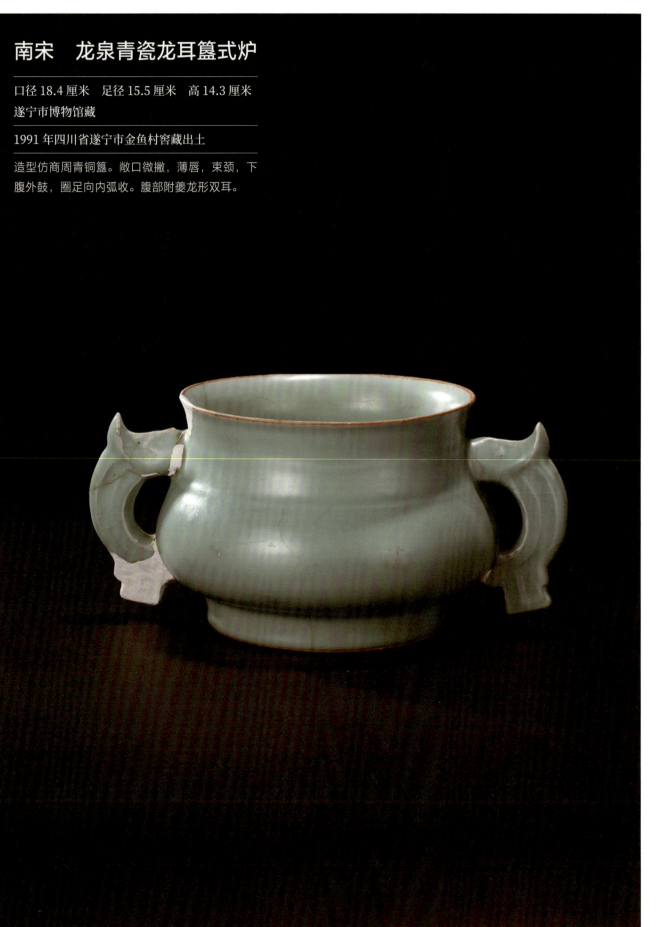

现代　龙泉青瓷龙耳簋式炉

作者: 刘杰

口径 19 厘米　足径 18 厘米　高 16 厘米

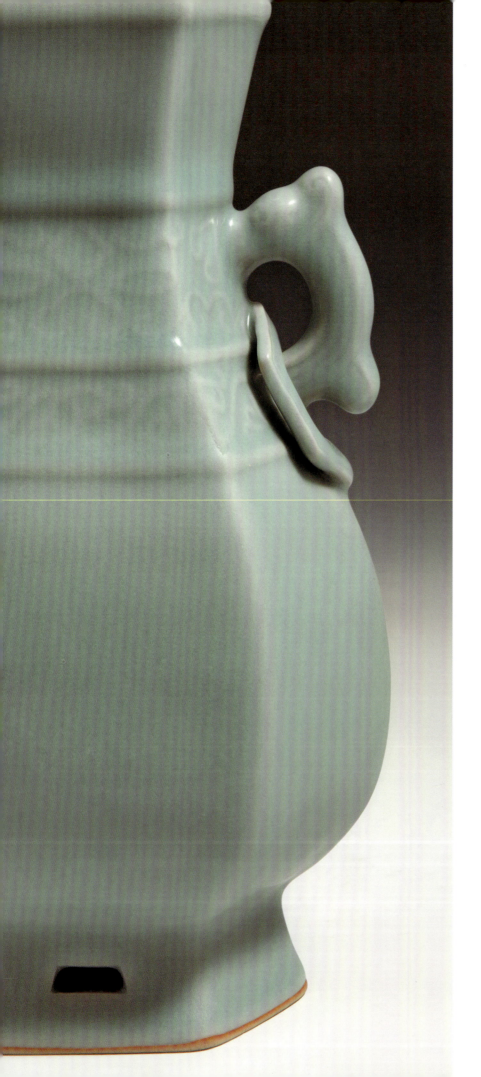

粉青釉 粉青釉是青釉的一种，呈粉润的青绿色，如半透明的青玉，首创于南宋龙泉窑，风行一时。粉青釉属于石灰碱釉，以铁为呈色剂，含有少量的锰、钛，在生胎上挂釉，釉层较厚，用1180℃～1230℃的高温还原焰烧成。

梅子青釉 梅子青釉是南宋龙泉青瓷最为经典、稀有的釉色之一，色泽媲美翡翠，恰似青梅色故名。梅子青釉的烧成温度比粉青釉高，是在还原焰气氛中生成的一种石灰碱釉，以铁为主要呈色剂，釉面光泽感较强。南宋晚期的龙泉青瓷釉色逐渐趋于青绿，相比粉青釉面的乳浊感，梅子青釉面更为清透，玻化程度也更高。

现代　龙泉青瓷天球瓶

作者：刘杰

口径 8.8 厘米　足径 10.3 厘米　高 27.3 厘米

工序的繁复，火候的掌控，皆不可尽善尽美。所谓缺憾，有如自然万物生长衰败之规律，世间真实，不可避免。

龙泉青瓷在烧造过程中，由于温度和气氛的差异，少数器物呈现青黄、蟹黄、米黄等色，本质仍属于青釉。上品的黄，甚至因稀缺而尤为珍贵，是窑火中的"蝶变"，可遇不可求。

现代　龙泉青瓷芒口盏

作者: 刘杰

口径 8.9 厘米　足径 3.2 厘米　高 4.3 厘米

南宋　龙泉青瓷把杯

口径 9.5 厘米　高 4 厘米
浙江省博物馆藏

黑胎。通体施青釉，釉面青中泛灰，器表布满开片。龙泉黑胎青瓷胎薄釉厚，胎土中含铁量较高故呈紫褐色，釉层发亮，釉面片纹深入胎骨，经高温烧制，形成与南宋官窑相类的"紫口""铁足"效果。

现代　龙泉青瓷把杯

作者：刘杰

口径 9.5 厘米　足径 4.2 厘米　高 4.3 厘米

龙泉溪口瓦窑垟窑址

南宋龙泉窑瓷器根据胎色的不同，大致可分为白胎青瓷和黑胎青瓷两种。黑胎青瓷制作精细，胎釉表现上颇似南宋官窑，南宋时期溪口瓦窑垟等窑址已生产此类产品。黑胎产品胎壁很薄，釉的厚度甚至超过胎的厚度。胎的呈色深，质地致密坚硬，俗称"铁骨"。釉层透明度高，有的呈玻化状态，釉面开片，釉色青灰发暗。垫饼垫烧、圈足刮釉的烧造方法则形成"铁足"的特征。溪口和大窑两地是龙泉窑两处独立存在的烧造仿官产品的窑区，其中溪口瓦窑垟是以烧制黑胎仿官制品为主的典型窑场，而大窑地区则是以烧制白胎仿官制品为主的龙泉窑中心产区。

铁的艺术

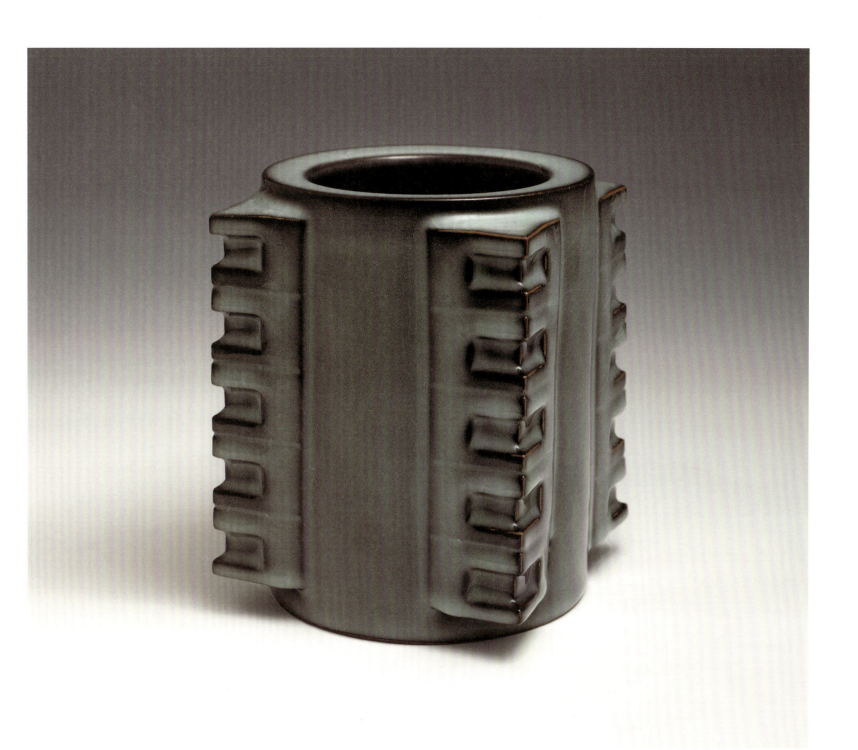

现代 龙泉黑胎青瓷琮式瓶

作者: 刘杰

口径 14.3 厘米　足径 14.3 厘米　高 18 厘米

现代　龙泉黑胎青瓷盘

作者: 刘杰

口径 18.5 厘米　足径 10.3 厘米　高 3.8 厘米

现代　龙泉黑胎青瓷圆口杯

作者：刘杰

口径 9.1 厘米　足径 2.9 厘米　高 4.4 厘米

现代　龙泉黑胎青瓷圆口杯

作者：刘杰

口径 9.1 厘米　足径 2.9 厘米　高 4.4 厘米

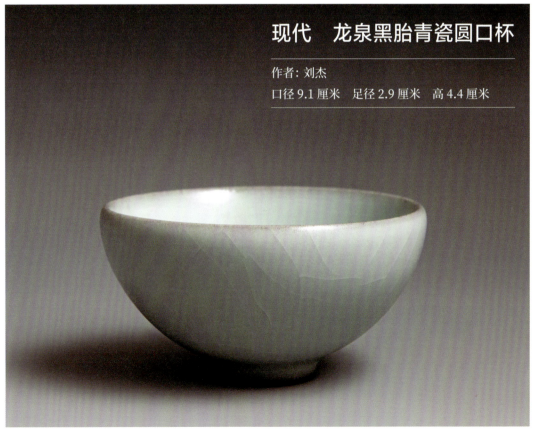

现代　龙泉黑胎青瓷直壁洗

作者: 刘杰

口径 14.5 厘米　足径 10.2 厘米　高 5.1 厘米

现代　龙泉黑胎青瓷盘

作者: 刘杰

口径 17.8 厘米　足径 10.3 厘米　高 3.6 厘米

现代 龙泉黑胎青瓷盘

作者: 刘杰

口径 18 厘米 足径 10.5 厘米 高 3.6 厘米

现代　龙泉黑胎青瓷直壁洗

作者: 刘杰

口径 14.3 厘米　足径 10.2 厘米　高 5.3 厘米

星河灿烂

相比宋朝的淡雅之风，元朝更崇尚瓷器上的装饰，釉上点彩就是其中之一。点彩工艺丰富了青瓷"道法自然"的审美形式，打破了青釉的单一色调，相互映衬又清新悦目，形成了一种色差对比的视觉美感，有如初春的飞絮、黑夜的繁星、寒天的飞雪。

从元代中期开始，龙泉青瓷的造型和装饰风格由南宋时期的纤巧隽永、清雅婉约变得雄浑敦厚、气势磅礴，器形硕大，胎壁增厚。在器形上有很大创新，出现高足杯、菱口盘、环耳瓶、凤尾尊、荷叶盖罐等。在装饰上多采用刻、划、印、贴、镂等各种技法，特别是以露胎贴塑、釉上褐斑为典型特征。在元代墓葬中常见绘有对坐、奉侍、备酒、备茶等题材的壁画，其中有与元代龙泉窑瓷器极为相似者，显示了这些瓷器在元代可能的使用方式与器物组合。

露胎装饰是龙泉青瓷极富特色的一种装饰语言。由于龙泉青瓷胎体中含有一定比例的紫金土，露胎处在烧成后期经过二次氧化会呈现出朱砂红或红褐色，和翠绿的釉色形成鲜明的色调对比。龙泉青瓷露胎装饰可分为露胎塑像、露胎印花和露胎贴花等，尤以露胎塑像最为生动传神。

南宋至元
龙泉青瓷露胎何仙姑像

高 17.5 厘米
浙江省博物馆藏

元代
龙泉青瓷露胎婴戏纹碗及底座

高 15.3 厘米
浙江省博物馆藏

现代　龙泉青瓷露胎八方瓶

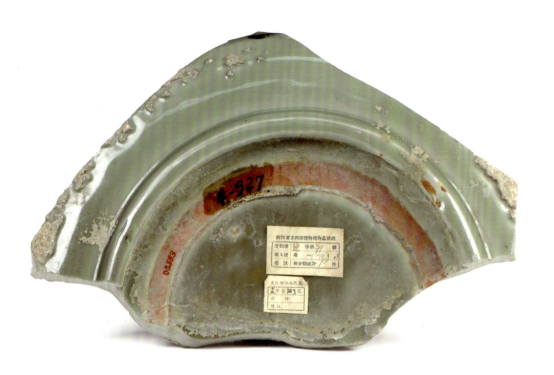

元代　龙泉青瓷龙纹盘

浙江省博物馆藏

盘内壁刻海水纹，内底贴露胎云龙纹。
龙猪鼻张嘴，追逐火珠，间以朵朵云纹，
呈朱砂色。

现代　龙泉青瓷双龙盘

作者: 刘杰

口径 16.8 厘米　足径 5.6 厘米　高 2.7 厘米

元代　龙泉青瓷人物像

高 21 厘米
浙江省博物馆藏

宋元之际，龙泉窑瓷塑工艺日趋成熟，创烧出一批生动精彩的佛道人物造像。该人物像的面部、胸部和手、脚都露胎不施釉，直接入窑烧造。

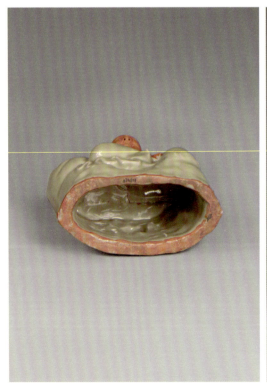

现代　龙泉青瓷人物像

作者: 刘杰

高 23.3 厘米

现代　龙泉青瓷点彩束口盏

作者：刘杰

口径 10 厘米　足径 2.9 厘米　高 4.9 厘米

现代　龙泉青瓷梅花盏

作者：刘杰

口径 8.9 厘米　底径 3.2 厘米　高 4.2 厘米

元代　龙泉青瓷匜

口径 15.8 厘米　底径 8.5 厘米　高 5.5 厘米
泰顺县文博馆藏

1983 年浙江省泰顺县元代窖藏出土

通体施粉青色釉，釉质细腻匀净。凹底一周露胎无釉，胎骨呈朱红色。韩国新安沉船出水龙泉青瓷中有同类器。匜为分酒器，与玉壶春配套使用。

现代　龙泉青瓷匜

作者：刘杰

口径 16 厘米　底径 9 厘米　高 6 厘米

元代
龙泉青瓷贴花"寿山福海"铭
缠枝花卉凤尾尊

口径 28.8 厘米　足径 18.3 厘米　高 64 厘米
余姚市博物馆藏

浙江省余姚市巍星路窖藏出土

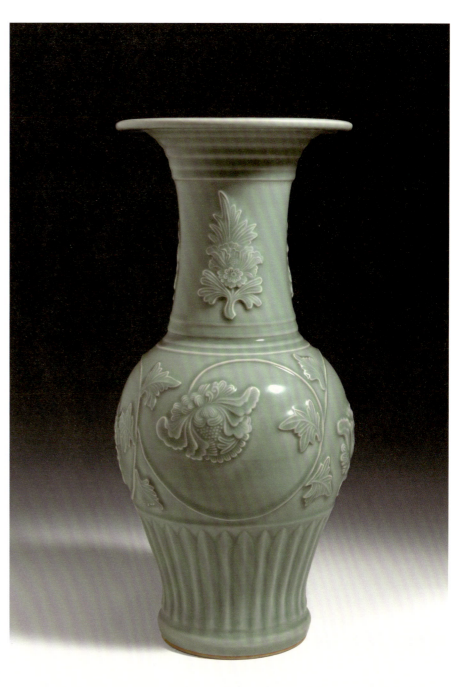

现代　龙泉青瓷贴花凤尾尊

作者：刘杰

口径 21 厘米　足径 16 厘米　高 45.5 厘米

元代 龙泉青瓷荷叶盖罐

口径 24.3 厘米　足径 17.9 厘米　高 29.5 厘米
义乌市博物馆藏

1975 年 4 月浙江省义乌县造纸厂工地出土

盖、罐分烧，釉色略有不同。盖施粉青釉，釉
面滋润丰厚。罐身青灰色釉，釉面开冰裂纹。
内底压印"颍川"。

现代 龙泉青瓷荷叶盖罐

作者: 刘杰

口径 25.5 厘米 足径 17.5 厘米 高 31 厘米

荷叶盖罐　荷叶盖罐有贮酒的功用。银制荷叶盖罐最早见于唐代。瓷质荷叶盖罐多产自元代龙泉窑，宋代产品仅见于四川遂宁金鱼村窖藏。

元　龙泉青瓷"清香美酒"铭荷叶盖罐
日本冲绳首里城京之内 SK01 遗址出土

元　龙泉青瓷菊瓣纹荷叶盖罐
韩国新安沉船遗址出水

南宋　龙泉青瓷荷叶盖罐
四川省遂宁市金鱼村窖藏出土

北宋　耀州窑青瓷玉壶春瓶
陕西省考古研究所藏

元代　龙泉青瓷玉壶春瓶

口径 6.8 厘米　足径 8.3 厘米　高 26.5 厘米

泰顺县文博馆藏

1983 年 6 月浙江省泰顺县元代窖藏出土

全器通体施青釉，釉色匀净滋润，器底一圈露朱红色胎。造型精美，是元代瓷器珍品。

现代　龙泉青瓷玉壶春瓶

作者：刘杰

口径 7.8 厘米　足径 9.1 厘米　高 30 厘米

现代 龙泉青瓷玉壶春瓶

作者: 刘杰

口径 7.8 厘米　足径 9.1 厘米　高 30 厘米

元代　龙泉青瓷葫芦瓶

口径 4.4 厘米　足径 7.5 厘米　高 30 厘米
青田县文物管理委员会办公室藏

1984 年 3 月浙江省青田县百货公司窖藏出土

该瓶为上小下大的束腰式葫芦形，由两段粘合而成，造型新颖别致。下腹部釉面有开片。外底有两层修饰。圈足无釉，呈朱红色。

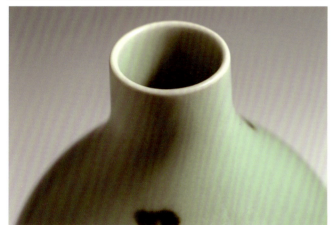

现代　龙泉青瓷点彩葫芦瓶

作者：刘杰

口径 3.8 厘米　足径 9 厘米　高 29.2 厘米

元代　龙泉青瓷点彩盘

口径 16 厘米
浙江省博物馆藏

现代 龙泉青瓷点彩盘

作者: 刘杰

口径 20 厘米 足径 6.8 厘米 高 3.2 厘米

元代 龙泉青瓷点彩杯

口径 7 厘米　足径 3.5 厘米　高 3.6 厘米
浙江省博物馆藏

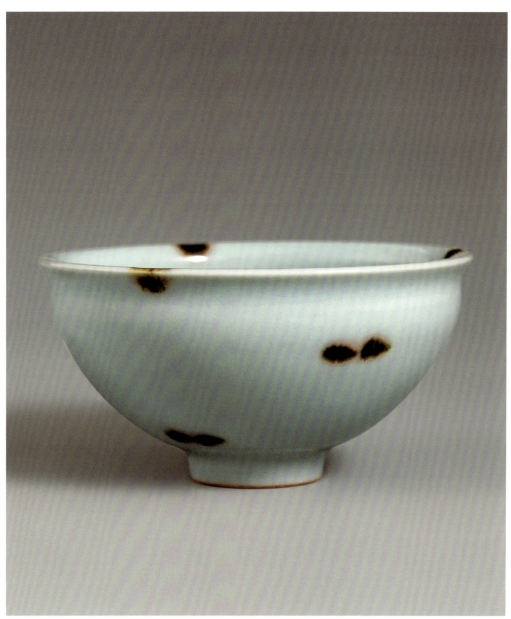

现代　龙泉青瓷点彩杯

作者: 刘杰

口径 9.6 厘米　足径 3.3 厘米　高 4.6 厘米

现代 龙泉青瓷点彩高足杯

作者：刘杰

口径 6.9 厘米 足径 3.3 厘米 高 6 厘米

现代 龙泉青瓷点彩高足杯

作者：刘杰

口径 7 厘米　足径 3.3 厘米　高 6 厘米

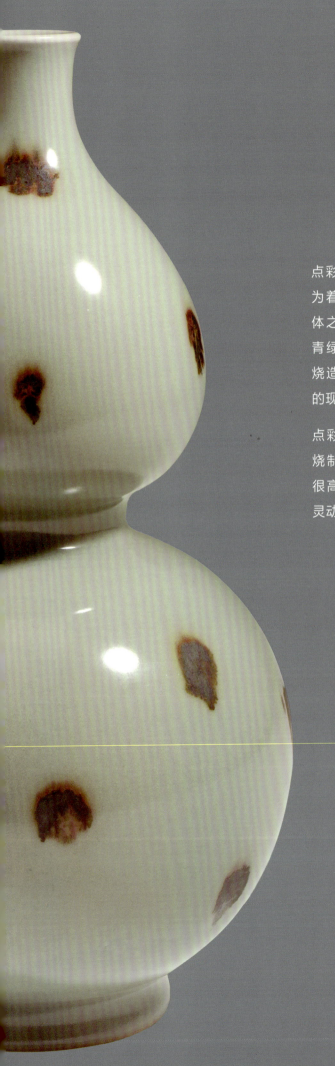

点彩早在东晋就已盛行，其以铁为着色剂，点缀于上釉的器物坯体之上，烧成后呈现褐红色，与青绿釉色对比强烈。且由于高温烧造过程中釉的熔融而出现晕散的现象，别有新意。

点彩工艺看似漫不经心，实则对烧制技术、釉色和施彩手法要求很高。精美的褐斑青瓷不但美丽灵动，而且自然清新。

飞花入青

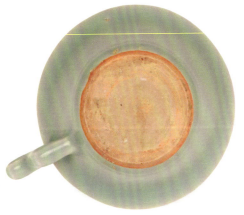

元代　龙泉青瓷马蹄形耳杯

口径 7.8 厘米　足径 4 厘米　高 3.5 厘米

泰顺县文博馆藏

1983 年 6 月浙江省泰顺县元代窖藏出土

现代　龙泉青瓷耳杯

作者：刘杰

口径 7.8 厘米　足径 4 厘米　高 3.5 厘米

元代　龙泉青瓷高足杯

高 12.5 厘米

浙江省博物馆藏

现代　龙泉青瓷高足杯

作者: 刘杰

口径 9.8 厘米　足径 4.5 厘米　高 9.4 厘米

元代　龙泉青瓷双鱼洗

口径 21 厘米　足径 9.5 厘米　高 5 厘米
浙江省博物馆藏

现代　龙泉青瓷双鱼洗

作者: 刘杰

口径 21 厘米　足径 11 厘米　高 5.9 厘米

元代　龙泉青瓷吉字瓶

口径 2.9 厘米　足径 4.5 厘米　高 18.5 厘米

义乌市博物馆藏

1985 年 9 月浙江省义乌县稠城镇工人路窖藏出土

现代　龙泉青瓷吉字瓶

作者：刘杰

口径 4.5 厘米　足径 8.7 厘米　高 31 厘米

净瓶 净瓶属于军持的一种，本是水瓶，后被赋予宗教含义，用以饮水或净手。宋元时期浙江龙泉窑烧造的这种青釉净瓶外形像个"吉"字，故又被称为吉字瓶。

元　龙泉青瓷带座大吉瓶
浙江省丽水市青田城镇百货公司后基地窖藏出土
青田县文物管理委员会藏

唐　越窑青瓷八棱净瓶
陕西省宝鸡市扶风县法门寺地宫出土
法门寺博物馆藏

南宋　龙泉青瓷三联大吉瓶
浙江省博物馆藏

砚滴　砚滴一种文具，用于贮水并向砚池内滴水。清人许之衡在《饮流斋说瓷》中记："蟾滴、龟滴，由来已久。古者以铜，后世以瓷，凡作物形而贮水不多则名曰砚滴。"

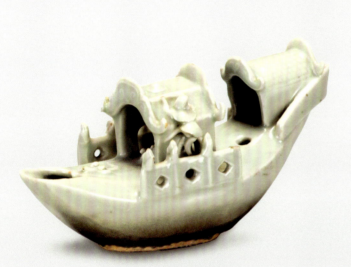

元　龙泉青瓷舟形砚滴
浙江省博物馆藏

元　龙泉青瓷牧牛砚滴
1983 年 6 月浙江省泰顺县元代窖藏出土

南宋　龙泉青瓷柿形水注
杭州博物馆藏

元代 龙泉青瓷鱼形砚滴

长 12.2 厘米 高 6.8 厘米
义乌市博物馆藏

1985 年 9 月浙江省义乌县稠城镇工人路窖藏出土

整体造型为一尾昂头翘尾、作奋力跃升之姿的鲤鱼。鱼嘴为滴，背部右侧近背鳍位置开一注水小孔。整器以腹下三鳍作为支撑，背鳍与尾鳍之间呈凹状，可作为笔搁。

现代　龙泉青瓷鱼形砚滴

作者: 刘杰

长 12 厘米　高 5.5 厘米

曜清
灵阳

第四单元

凡绿豆色莹净无瑕者为上，生菜色者次之。然上等价
高，皆转货他处，县官未尝见也。
——明·陆容《菽园杂记》

宫廷的需求促使龙泉窑在新的历史条件下延续发
展的势头，出现了器壁厚重、制作精良、器形硕
大、纹样富丽繁华的各类器物。大窑枫洞岩窑址
出土器物上的五爪龙、"官"字款等明确了器物的
官用性质，其生产时期大体为明洪武到永乐年间，
是文献中关于处州烧造宫廷用瓷记载的最好佐证。

龙泉大窑枫洞岩窑址

明代　龙泉青瓷菱口盘

口径 47 厘米

浙江省博物馆藏

现代　龙泉青瓷菱口盘

作者: 刘杰

口径 49.5 厘米　足径 32 厘米　高 7.5 厘米

明代　龙泉青瓷牡丹纹盘

口径 54 厘米
浙江省博物馆藏

现代　龙泉青瓷龙纹盘

作者: 刘杰

口径 50 厘米　足径 29 厘米　高 9.8 厘米

明代　龙泉青瓷凤穿牡丹纹梅瓶

口径 6.5 厘米　足径 11.2 厘米　高 34 厘米

浙江省博物馆藏

现代　龙泉青瓷梅瓶

作者：刘杰

口径 6.5 厘米　足径 12.4 厘米　高 38 厘米

明代　龙泉青瓷玉壶春瓶

口径 6.5 厘米　足径 11.2 厘米　高 34 厘米
浙江省博物馆藏

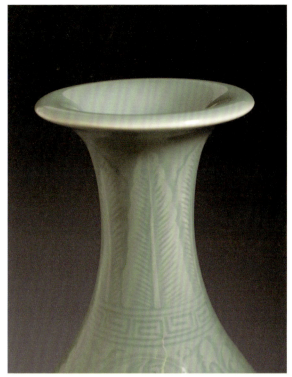

现代　龙泉青瓷玉壶春瓶

作者: 刘杰

口径 8.3 厘米　足径 11.4 厘米　高 29 厘米

明代　龙泉青瓷执壶

口径 8 厘米　足径 11 厘米　高 29.3 厘米
浙江省博物馆藏

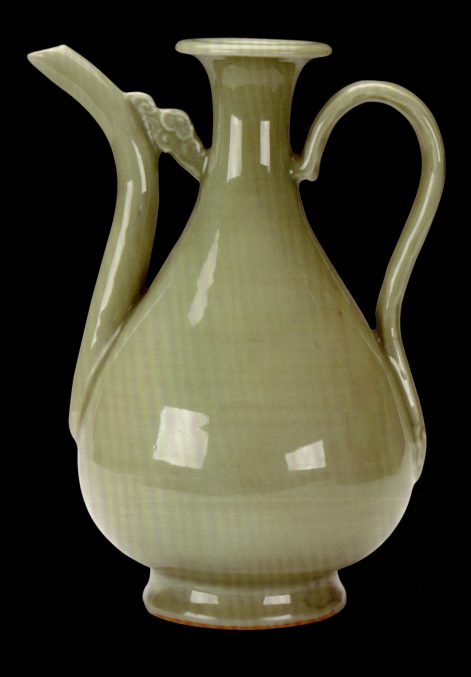

现代　龙泉青瓷执壶

作者：刘杰
口径 8.7 厘米　足径 12.5 厘米　高 32.9 厘米

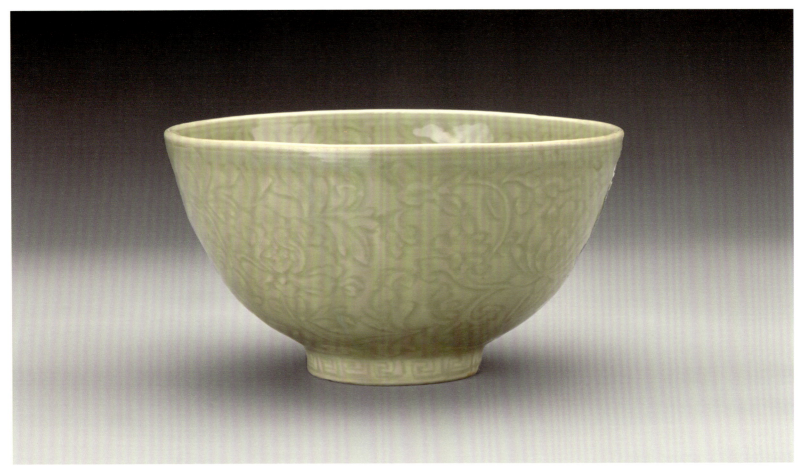

明代 龙泉青瓷缠枝纹碗

口径 19.7 厘米 足径 7.8 厘米 高 11.3 厘米
浙江省博物馆藏

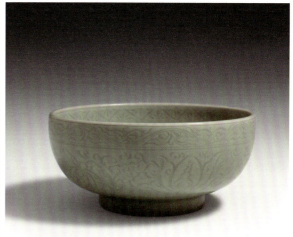

现代 龙泉青瓷缠枝纹碗

作者：刘杰

上：口径 21.5 厘米　足径 10 厘米　高 9.6 厘米

下：口径 9 厘米　足径 3.8 厘米　高 3.6 厘米

风禾尽起

《大明会典》中记载的处州府烧造有制样的供用器皿，可称为官用青瓷器，如今在龙泉大窑找到了相关的实物资料。明永乐三年（1405年），第一次下西洋的郑和带着帝国的礼物乘风破浪，柔远四方，而这恰是龙泉大窑的鼎盛之时（洪武至永乐年间）。考古学家在中东和东非地区的发现也证实了龙泉官器的大航海之路。

明·佚名《麒麟图》（局部）
台北故宫博物院藏

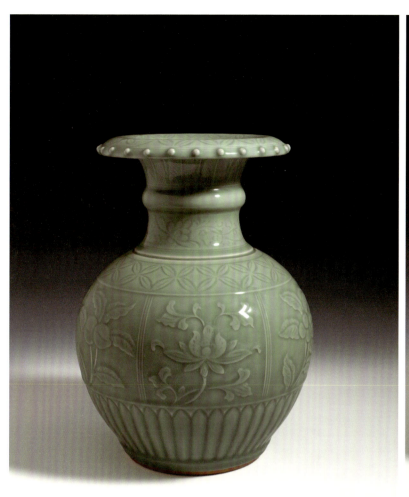

现代　龙泉青瓷石榴瓶

作者：刘杰

口径 19 厘米　足径 13.5 厘米　高 31 厘米

现代　龙泉青瓷鼓凳

作者：刘杰

口径 25 厘米　底径 22 厘米　高 40 厘米

現代　龙泉青瓷刻花杯

作者：刘杰

口径 9.5 厘米　足径 3.3 厘米　高 4.4 厘米

龙窑柴烧 近年来烧制陶瓷多用电窑、气窑，能源供应稳定，可以准确控制烧成曲线。而在古代，烧窑用的燃料是柴，龙窑的密封性、进氧量不好控制，会直接影响窑内温度和气氛，致使发色及玻化程度不同，因此成品率低、技术要求高。

古代每烧成一窑必有次品，尤其在较差窑位装烧的器物次品率更高，这在当时不可避免。如装置在上部窑位的产品往往由于上窜火焰太强而过烧，下部窑位产品则由于温度不够而生烧。据《菽园杂记》记载，古代在烧成完毕时要"以泥封闭火门，火气绝而后启"，可能就是为了防止二次氧化。

在山堂小龙窑

纸槌瓶
1220℃

鬲式炉
1200℃

象耳炉
1180℃

釉色试验　　铁含量与釉面呈色的关系

Fe₂O₃(wt%)	0.52	0.83	1.16	1.44	1.75	2.08
釉面呈色	青白	淡粉青	粉青	青色	暗绿	灰青

胆瓶
1250℃

直颈瓶
1280℃

弦纹瓶
1300℃

不同烧成温度下的器物釉色

釉照组（相同釉料配方在不同温度下的釉色呈现）

我的学艺之路

刘 杰

刘杰，号在山，浙江龙泉人，中国传统工艺大师，高级工艺美术师，丽水市工艺美术大师，丽水市龙泉青瓷非物质文化遗产代表性传承人。恢复柴烧龙窑古法，以复制仿古工艺制作龙泉青瓷传统经典作品而享誉业界，为"龙泉三杰"之一。

1985 年，我出生在龙泉城郊一个叫茶坦的小山村，父辈以务农为业。影响我喜欢上龙泉青瓷的第一位老师是我的表哥，他是一位龙泉青瓷爱好者，收藏有大量的青瓷标本。在他的影响下，我很早就了解了什么是哥窑与弟窑，什么是粉青与梅子青。

2002 年，我向父亲提出要拜师学习青瓷制作手艺。当时龙泉的青瓷行业不景气，国营瓷厂刚刚经过企业改制，发展前景令人担忧。

经表哥引荐，我拜入了师父叶蓁门下。他是一位青瓷仿古高手，有业内"鬼手"之称。在师父的指导下，我学会了选料、练泥、拉坯、修坯、刻花、上釉、烧窑等完整的青瓷制作与烧造技艺。九年的深山学艺，也教会了我要诚实做人、沉稳做事。

从艺以来，我一直专注于对古代龙泉青瓷原材料的配方分析研究，常在古窑址附近寻找古人曾挖掘使用的瓷土矿脉，花了很多时间在仿古瓷原材料的研究上，并用各种泥料和釉水配方去尝试。虽然获得了一些成绩，但总有美中不足的感觉。我常在想一个问题：为什么用同一种材料就是烧制不出如古瓷那种如玉般的质感呢？通过长期的实验，我发现主要的原因是窑炉不一样，现在我们用的是气窑，而古代用的是柴窑，也称为龙窑。所以我一直有一个梦想，就是建一座龙窑，来烧制我理想中的龙泉青瓷。

2011 年前后，茶文化的兴起带动了龙泉青瓷手工制作茶具市场的热潮，命运之门仿佛正在向我打开。我决定走出大山，自己闯一闯，于是开设了自己的工作室。

初出茅庐，我对自己的手艺很是自信，不管看见什么器物，嘴上总是挂着这样一句口头禅："没问题，我能做！"刚开始做器皿时，我多是把传统器形放大或缩小，所以实用性会欠缺些许。在深入学习茶道、花道、香道之后，我在制作相应的器皿时会注意兼顾观赏性与实用性，把传统与艺术相结合，从而做出更符合现代审美的作品。

2016 年，怀着最初的梦想——恢复龙泉窑全套制瓷古法工艺，烧造出与南宋龙泉窑鼎盛时期接近的作品，我带着妻儿，找到了一处临茶山竹林而建的古民居，将其改造成工作室，并建起了一座小型龙窑。我决心在此探索龙泉青瓷的古法烧制工艺，用自己的双手烧出理想的青瓷作品。工作室名为"在山堂"，取"在山而居，因心造境"之意。

2019 年对于龙泉青瓷业发展而言是一个不平凡的年份，这一年，故宫博物院与浙江省博物馆、丽水市人民政府联合举办了"天下龙泉——龙泉青瓷与全球化"特展。展览中，一件来自日本东京国立博物馆的重要文化财——"蚂蟥绊"青瓷碗姗姗来迟。这件展品大名鼎鼎，有"天下第一残器"之称。

"蚂蟥绊"展出之后，我第一时间来到故宫博物院，隔着展柜玻璃仔细欣赏这只神奇的茶碗，感到特别震撼与敬畏。既震撼于古人超高的技艺，在南宋时期就烧制出工艺那么精湛、釉色那么清澈的瓷器，同时也敬畏古人的惜物情怀。当下一只碗裂了，可能我们随手就扔了，古人竟然这么传承有绪地保存了下来。当时我产生了强烈的复制这件茶碗的欲望，回到龙泉就马上开始研究制作。后来"蚂蟥絣"又来到浙江省博物馆展出，我带着还没有复制成功的试作品，一次次去与原作对比。在经历了无数次的失败之后，终于烧制出了一件自认为比较接近原作的作品。

带着精心复制的葵口碗，我找到了当时浙江省博物馆陶瓷部主任沈琼华老师，她是"天下龙泉"的策展人，也亲自上手过"蚂蟥絣"原件，她的意见尤为重要。我们来到展厅，和"蚂蟥絣"进行了现场对比，沈老师看得很仔细。我与沈老师此前素未谋面，因此内心其实十分忐忑。结果她很惊喜于我能仅凭观察摸索就做出了与原作非常接近的作品，同时也客观地指出了还需要改进的地方。这一趟浙博之行让我获益匪浅，此后终于成功复制"蚂蟥絣"，受到了国内外媒体和藏家的关注。我也因此得到了浙江省博物馆的充分肯定，继而有契机合作龙泉青瓷技艺复原项目。

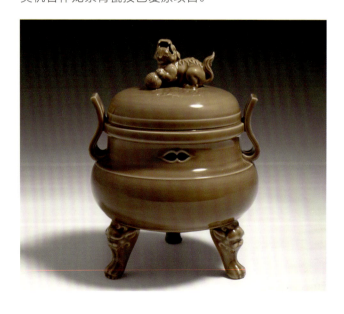

总结二十几年的求索历程，我一直追求的最高理想是"形神皆似，古韵盎然"。复制不能是简单按照古代的器形依样画葫芦，而是要遵从"合以为良"的古训，在综合研究理解古法传统工艺特点、古人审美情趣以及器物功用等因素的基础上完成。具体来讲，首先要研究古瓷胎釉的原料配方、成型工艺以及烧成方式，其次要考虑制作与生产这类器皿的时代背景与器物功用特点，最后还要考虑古人的审美趣味等。

在二十余年龙泉青瓷仿古工艺研究与实践探索过程中，我经常想到以下几个问题：

什么是传统龙泉青瓷？所谓传统不是简单的复古，而是要在复古的基础之上，继承龙泉青瓷传统工艺发展过程中所积淀的技艺与艺术的审美。我在用龙窑古法柴烧青瓷的过程中一直告诫自己，复制不是目的，而是一种学习与传承。凝聚与积淀在作品背后的器物文化思想，才是我们应该深刻理解与学习传承的精髓所在。

龙泉青瓷应该怎样传承与弘扬？传承是敬畏传统，致敬经典。但敬畏传统并不是简单的复古，而是要在传统的基础之上制作出符合时代生活要求与审美趣味的创新作品。致敬经典是在坚持龙泉青瓷传统审美特质的艺术品格基础之上的创新，而不是标新立异，更不是背离传统的荒诞的随性表达。当前龙泉青瓷艺术传承与发展的主要问题并不在于具体的技艺传承层面。任何一门传统的手工艺，掌握其制作技术并不难，因为最复杂的技术也只是一个熟练的过程，只要专心投入就没有什么难以逾越的障碍。

作为龙泉青瓷技艺的传承人，我们不能只是单纯追求艺术禀赋和美学修养，更重要的是提高从业道德和思想境界。只有诚实做人、本分做事，认真做瓷、精进技艺，涵养私德与修养，才能在龙泉青瓷传统艺术的复兴事业上行稳致远。

关于学术性专题展的策展实践与思考
——"龙泉青瓷制釉技艺古今对比展"策展手记

杜　昊（浙江省博物馆）

杜昊，女，浙江杭州人，硕士，毕业于浙江大学，研究方向为博物馆学。从事古陶瓷研究和博物馆学研究多年，浙江省博物馆文博馆员，浙江省博物馆博物馆学研究所所长，中国古陶瓷学会会员，中国博物馆协会博物馆学专委会委员。

参观博物馆时，观众虽然置身于展厅中，思维却通常会被相关专业知识阻挡在外。以内涵丰富的古陶瓷为例，普通观众大多停留于这件器物的造型、颜色，感兴趣的会阅读说明牌以了解名称，或是猜测用途、猜测价值，而馆方专家想要传达的专业知识和理念能被观众接收多少呢？如何把学术研究的成果和专业性较强的内容用普及性的文字和形式传递给观众，是博物馆人在策展阶段始终思考的问题。2021年，浙江省博物馆举办了题为"碧玉流光——龙泉青瓷制釉技艺古今对比展"的陶瓷专题展览，尝试把龙泉青瓷的制釉技艺这一相对专业且偏技术层面的题目给观众讲明白。2022年，又策划了"形而上下——宋韵视野下的龙泉青瓷"，从造型艺术和宋代雅俗文化的角度，深入浅出地阐述青瓷技艺。

一、古今对比展的理念和呈现

传统博物馆一般用各类别的古代精品展现历史文化，或做纯粹的现代艺术品展示。"碧玉流光"展突破了传统模式，以古今对比为切入，将古代龙泉青瓷精品和现当代优秀之作一同呈现，这也是展览的系列名称"经典继艺"的直接表达。"碧玉"比拟龙泉釉之精华，"流光"谓青瓷经典流传后世，以工匠精神展现非物质文化遗产的不朽与传承，以真诚的态度与时空对话。

龙泉青瓷中最精美的釉色当属南宋时期的"粉青"和"梅子青"，因此古代文物展品以南宋时期的为主，加上北宋及元、明时期的精品，再根据古代文物选择现代作品，做到直观对照。展览按照历史脉络阐释各时期龙泉青瓷背后的文化要素、审美取向，同时对制瓷技术、关键名词加以解释，各小节名称使用富有美感的成语，每一节的说明文字控制在150字左右，既表达中心内容，同时又易于理解，生动而不失深度。

主线以"东方之色"开篇，展示北宋时期的龙泉青瓷。"青，东方色也。"五行学说中所谓东方属木，而草木皆青，四象之中东方之神为青龙，足可证"青"为东方代表之色。古人的偏爱让其成为陶瓷文明的主色调。"素霓如缭"一节表述了此时期龙泉青瓷的釉色特征和成因。随着宋王朝一统江山，制瓷技艺互通南北、突飞猛进，龙泉青瓷以厚胎薄釉刻花的传统特色为主流。侧重技术部分的"秘色相承"一节，解释了北宋时期的龙泉青瓷仍保有越窑特色，是因其沿用了浙江地区传统的石灰釉配方。

此后，随宋朝宗室南迁的还有北方的制瓷技术和对汝窑类产品的需求。遗传了徽宗美学基因的赵构对釉色淡雅含蓄、造型极简大气的雅器的偏爱，推动了龙泉窑巅峰时代的到来和南宋官窑的横空出世，此为南宋时期的开篇"霁月光风"。"和光同尘"一节从人文角度阐释此种审美取向的成因：玉有五德，润泽以温，中国人向来把"玉"作为美的理想。青瓷制造之所以在宋代达到顶峰，与当时的审美理念息息相关。被赋予各种美好意涵的玉是审美的追求，也是价值的取向。南宋中晚期，龙泉青瓷制作技艺登峰造极，生产技术和审美品位和谐统一，其类玉的质感达到妙若天成的艺术境界，如玉的粉青釉和青绿莹润的梅子青釉令人叹为观止。第三节"妙若天成"，再次强调粉青和梅子青这两大龙泉青釉的质感特征。"缺憾成蝶"则是从古代制瓷的多种不可控因素出发，说明匠人的精益求精。工序的繁复，火候的掌控，皆不可能尽善尽美。龙泉青瓷在烧造过程中，由于温度和气氛的差异，少数器物呈现青黄、蟹黄、米黄等色，本质仍属于青釉。上品的黄，甚至因稀缺而尤为珍贵，是窑火中的

"蝶变"，可遇不可求。

"星河灿烂"和"飞花入青"分别从人文和技术角度阐释元代多元文化下的龙泉青瓷釉色特征。点彩工艺丰富了青瓷"道法自然"的审美形式，打破了青釉的单一色调，形成了一种色差对比的视觉美感。看似漫不经心，实则对烧制技术、釉色和施彩手法要求很高。精美的褐斑青瓷不但美丽灵动，而且自然清新。

"清阳曜灵"和"风禾尽起"对明初龙泉窑的官窑背景和制作特色扼要阐述。宫廷的需求促使龙泉窑在新的历史条件下延续发展，出现了器壁厚重、制作精良、器形硕大、纹样富丽繁华的各类器物，出土器物上的五爪龙、"官"字款等明确了其官用性质。永乐三年（1405年），第一次下西洋的郑和带着帝国的礼物乘风破浪，柔远四方，而这恰是龙泉大窑的鼎盛之时。考古学家在东非地区的发现也证实了龙泉官器的大航海之路。

二、平衡学术性和观展体验的尝试

将同类型的古今文物一一对比，能让观众直观感受釉色的美感，但对于展览的学术层面——制釉技术

的诠释，是纯器物展示难以说明的。为了能够让观众理解釉、青釉以及釉和瓷器的关系等基本概念，在序厅"瓷器发明的秘钥——'釉'"中使用了一组现代釉照墙，用渐变的 40 个釉照表现青釉色彩的层次与美感。釉照是工匠观测窑内状态的工具，陈设在展厅中既能直观展示何为釉，又能加强艺术效果。

在主线之后，以"空山新雨"为题，着眼制瓷本身，用一组试验品说明了不同温度下的釉色呈现，传达古人制瓷的不易。当今烧制陶瓷多用电窑、气窑，能源供应稳定，可以准确控制烧成曲线。而古代烧窑用的燃料是柴，龙窑的密封性、进氧量不好控制，会直接影响窑内温度和气氛，致使发色及玻化程度不同，因此技术要求高、成品率低。古代每烧成一窑必有次品，尤其在较差窑位装烧的器物次品率更高，这在当时不可避免。如装置在上部窑位的产品往往由于上窜火焰太强而过烧，下部窑位产品则由于温度不够而生烧。

瓷片标本墙则展现了龙泉窑不同产区和不同时代产品面貌的多样性。溪口和大窑是龙泉窑两处独立存在的烧造仿官产品的窑区，其中溪口瓦窑垟窑址是以烧制黑胎仿官制品为主的典型窑场，而大窑地区则是烧制白胎仿官制品为主的龙泉窑中心产区。与标本对应的六件青瓷承盘将现代龙泉青瓷制釉原料一一铺开，是展览中针对专业观众和青瓷爱好者的深化部分。

展厅中还有一种特殊展品，是一段瓷釉开片的声音。刚出窑炉的瓷器会因为胎釉之间膨胀系数的不同而产生开片，形成俗称冰裂纹的独特装饰。叮当的开片声响此起彼伏，仿佛天籁交响，颇有妙趣。

三、关于学术性专题展的思考

博物馆的小众专题展陈应该是学术性、科普性与艺术性的融合，通过翔实的研究资料、明确的主题概

念、严谨的展示逻辑、多层次的展品组合，让观众更好地从展览中感知和理解馆方研究和策展人员的思路和方向。当今的博物馆展陈方式和技术突飞猛进，日新月异，但始终应以内容为前提和核心，将研究工作做透彻是展览形成逻辑的必要条件。"碧玉流光"展是浙江省博物馆十几年来古陶瓷研究成果的一个缩影。古今对比作为一种新的呈现方式，对于观众从各个角度理解青瓷都是新的体验，相信今后从不同切入点出发的对比展陈会越来越多。

至于"碧玉流光"展本身，则希望能够用一个不一样的青瓷展传递一种价值观，即传承非遗的核心是让其始终存在于现代人的生活里，为当下提供独特的价值。历史长河浩瀚如海，青瓷研究尚有许多未解的课题，传统技艺对于当代既是创作的供养，也是无穷的挑战。

图书在版编目（CIP）数据

　　合以求良：浙江省博物馆龙泉青瓷技艺复原项目暨
"经典继艺"古今对比系列展图录/浙江省博物馆编；
刘杰，杜昊著 . -- 北京：文物出版社，2024. 10.
ISBN　978-7-5010-8564-4

　　　Ⅰ．K876. 32

　　中国国家版本馆 CIP 数据核字第 2024DQ1190 号

合以求良

浙江省博物馆龙泉青瓷技艺复原项目暨"经典继艺"古今对比系列展图录

编　　　者：浙江省博物馆
著　　　者：刘　杰　杜　昊

封面题字：赵雁君
责任编辑：崔　华　王　媛
责任印制：张道奇

出版发行：文物出版社
社　　　址：北京市东城区东直门内北小街 2 号楼
邮　　　编：100007
网　　　址：http://www.wenwu.com
邮　　　箱：wenwu1957@126.com
经　　　销：新华书店
装帧设计：杭州乾嘉文化艺术有限公司
印　　　刷：杭州佳园彩色印刷有限公司
开　　　本：889mm×1194mm　1/12
印　　　张：17 ²/₃
版　　　次：2024 年 10 月第 1 版
印　　　次：2024 年 10 月第 1 次印刷
书　　　号：ISBN 978-7-5010-8564-4
定　　　价：560.00 元